La CUARTA DIMENSIÓN

DESCUBRE UN NUEVO MUNDO DE ORACIÓN CONTESTADA

DAVID YONGGI CHO

CASA CREACIÓN
Para vivir la Palabra

Para vivir la Palabra

MANTÉNGANSE ALERTA;
PERMANEZCAN FIRMES EN LA FE;
SEAN VALIENTES Y FUERTES.
—1 Corintios 16:13 (NVI)

La cuarta dimensión por Dr. David Yonggi Cho
Publicado por Casa Creación
Miami, Florida
www.casacreacion.com
©2023 Derechos reservados

ISBN: 978-1-955682-93-0
E-book ISBN: 978-1-955682-94-7

Desarrollo editorial: *Grupo Nivel Uno, Inc.*
Adaptación de diseño interior y portada: *Grupo Nivel Uno, Inc.*

Publicado originalmente en inglés bajo el título:
The Fourth Dimension
Publicado por Bridge-Logos
Newberry, FL 32669 USA
Copyright ©1979 and 1983 by Bridge-Logos Publishers
Todos los derechos reservados.

Nota de la editorial: Aunque el autor hizo todo lo posible por proveer teléfonos y páginas
de internet correctos al momento de la publicación de este libro, ni la editorial ni el autor
se responsabilizan por errores o cambios que puedan surgir luego de haberse publicado.

Impreso en Colombia

23 24 25 26 LBS 9 8 7 6 5 4 3 2 1

Dedicatoria

Este libro es dedicado a las muchas personas que buscan, escudriñan y luchan por hallar y recorrer un camino congruente de fe en su vida cristiana.

Contenido

Prólogo

ONSIDERO UN GRAN honor escribir estas palabras como prólogo de este emocionante libro de mi hermano en Cristo, David Yonggi Cho. Personalmente, estoy en deuda con él por la fortaleza espiritual y por las percepciones que he recibido de Dios a través de este gran siervo de Cristo.

Cierta vez, estaba ministrando a su enorme congregación en Seúl, Corea, cuando recibimos una llamada telefónica por la que nos enteramos de que nuestra hija resultó trágicamente herida en un horrible accidente de tránsito en Iowa. Nuestro querido amigo, David Yonggi Cho, nos acompañó al avión cuando mi esposa y yo partimos a toda prisa, apoyándonos y sosteniéndonos en oración. Cuando llegué unas horas más tarde y me senté —en aquellos tenebrosos momentos de la noche— al lado del cuerpo de mi querida hija, a quien le amputaron la pierna izquierda y cuya vida acababa de ser arrebatada por la muerte, me encontré leyendo página tras página del manuscrito inédito de este libro para el cual ahora, con gratitud, ofrezco algunas palabras.

Descubrí lo real de esa dimensión dinámica de la oración que surge al visualizar una experiencia de curación. Línea tras línea del manuscrito original fue subrayada por este pastor cansado de viajar, este padre sufriente. Solo puedo orar esperanzado para que muchos cristianos, ¡y también no creyentes!, extraigan de esta obra las sorprendentes verdades espirituales que contienen sus páginas.

No trates de entenderlo. ¡Empieza a disfrutarlo! Es verdad. Funciona. Lo intenté. Gracias, David Yonggi Cho, por permitir que el Espíritu Santo nos dé este mensaje a nosotros y al mundo. ¡Dios te ama y yo también!

—Dr. Robert Schuller

Prefacio

VIDA PLENA Y LIBRE

En el caos que siguió al conflicto de Corea, yo estaba entre los muchos que luchaban por sobrevivir. Pobre pero persistente, cumplía varias tareas en el transcurso de un solo día.

Una tarde estaba trabajando como tutor. De repente sentí que algo brotaba de lo más profundo de mi pecho. Sentí la boca llena. Pensé que me ahogaría.

Cuando abrí la boca, la sangre comenzó a salir a borbotones. Traté de detener la hemorragia, pero la sangre seguía saliendo por mi nariz y mi boca. Mi estómago y mi pecho pronto se llenaron de sangre. Muy debilitado, me desmayé.

Cuando recuperé la conciencia todo parecía dar vueltas. Conmocionado, apenas pude viajar a casa.

Yo tenía diecinueve años. Y estaba muriendo.

VE A CASA, JOVEN

Asustados, mis padres inmediatamente vendieron lo suficiente de sus posesiones para llevarme a un famoso hospital a recibir tratamiento. Los exámenes del médico fueron cuidadosos, su diagnóstico: tuberculosis incurable.

Cuando escuché su pronóstico, me di cuenta de lo mucho que quería vivir. Mis deseos para el futuro terminarían antes de que tuviera la oportunidad de comenzar a vivir plenamente.

Desesperado, me dirigí al médico que había pronunciado el sombrío diagnóstico. «Doctor —supliqué—, ¿no hay nada que pueda hacer por mí?».

Su respuesta iba a resonar a menudo en mi mente: «No. Este tipo de tuberculosis es muy extraño. Se está extendiendo tan rápido que no hay forma de detenerla. Te quedan tres o, a lo sumo, cuatro meses de vida. Vete a casa, joven. Come lo que quieras. Despídete de tus amigos».

Salí del hospital abatido y decaído. Me crucé con cientos de refugiados en las calles y sentí un espíritu afín. Sintiéndome totalmente solo, también era uno de aquellos desesperanzados.

Regresé a casa aturdido. Listo para morir, colgué un calendario de tres meses en la pared. Criado como budista, rezaba a diario para que Buda me ayudara. Pero no hubo esperanza, mientras empeoraba continuamente.

Al sentir que mi tiempo de vida se estaba acortando, renuncié a la fe en Buda. Fue entonces cuando comencé a clamar al Dios desconocido. No sabía el gran impacto que su respuesta tendría en mi vida.

LÁGRIMAS CONMOVEDORAS

Unos días después me visitó una chica de la escuela secundaria y empezó a hablarme de Jesucristo. Me contó sobre el nacimiento virginal de Cristo, su muerte en una cruz, su resurrección y la salvación por gracia. Esas historias me parecían insensatas. No las acepté ni le presté mucha atención a aquella joven que consideraba ignorante. Su partida me dejó con cierta sensación de alivio.

Al día siguiente, sin embargo, la chica volvió. Acudió a visitarme una y otra vez, siempre preocupándome con historias sobre el Dios-Hombre, Jesús. Tras más de una semana de esas visitas, me agité mucho; por lo que la reprendí bruscamente.

Ella no se fue avergonzada, ni tomó represalias ni se airó. Simplemente se arrodilló y comenzó a orar por mí. Grandes lágrimas rodaron por sus mejillas, reflejando una compasión ajena a mis bien organizadas y estériles filosofías y rituales budistas.

Cuando vi sus lágrimas, mi corazón se conmovió profundamente. Había algo diferente en esa joven. No me estaba recitando historias religiosas; estaba viviendo lo que creía. A través de su amor y sus lágrimas pude sentir la presencia de Dios.

«Señorita», le supliqué, «por favor, no llore. Lo siento. Ahora sé de su amor cristiano. Como me estoy muriendo, me haré cristiano por usted».

Su respuesta fue inmediata. Su rostro se iluminó y alabó a Dios. Me estrechó la mano y me dio su Biblia.

«Lea la Biblia», me indicó. «Si la lee fielmente encontrará palabras de vida».

Esa fue la primera vez en mi vida que sostuve una Biblia. Luchando constantemente por inhalar aire, abrí el Libro de Génesis.

Mientras pasaba las páginas por el Libro de Mateo, ella sonrió y me dijo: «Señor, usted está tan enfermo que si comienza desde Génesis, no creo que dure lo suficiente para llegar a Apocalipsis. Si comienza con el Evangelio de Mateo, tendrá tiempo suficiente».

Esperando encontrar profundas instrucciones religiosas, morales y filosóficas, me sorprendió lo que leí. «Abraham engendró a Isaac; Isaac engendró a Jacob; y Jacob engendró a Judas y a sus hermanos».

Me sentí como un tonto. Cerré la Biblia y dije: «Jovencita, no leeré esta Biblia. Esto solo es una historia de un hombre engendrando a otro. Preferiría leer una guía telefónica».

«Señor», respondió ella. «Ahora no reconoce estos nombres. Pero a medida que siga leyendo, tendrán un significado especial para usted». Así que me animé y comencé a leer la Biblia otra vez.

EL DIOS VIVO

Mientras leía, no encontré ninguna filosofía sistematizada, ninguna teoría de la ciencia médica ni ningún ritual religioso. Pero sí encontré un tema sorprendente: la Biblia constantemente hablaba de Jesucristo, el Hijo de Dios.

La inminencia de mi muerte me había hecho darme cuenta de que necesitaba algo más grande que una religión, más grande que una filosofía e incluso mucho más grande que la simpatía por las pruebas de la existencia humana. Necesitaba a alguien que pudiera compartir mis luchas y sufrimientos, alguien que pudiera darme la victoria.

A través de la lectura de la Biblia descubrí que ese alguien era el Señor Jesucristo:

La persona de Jesucristo no traía una religión, un código de ética ni una serie de rituales. De una manera profundamente práctica, Jesús estaba trayendo la salvación a la humanidad. Aunque odiaba el pecado, Cristo amaba al pecador y aceptaba a todos los que acudían a él. Supe, profundamente consciente de mis pecados, que necesitaba el perdón de Cristo Jesús.

Cristo sanaba a los enfermos. Los enfermos y los debilitados acudían a él, y él sanaba a todos los que tocaba. Eso inundó de fe mi atribulado corazón. Entonces tuve la esperanza de que también me sanaría a mí.

Cristo les dio paz a los atribulados y los instó con expresiones como estas: «¡Tengan fe en Dios! ¡No se preocupen! ¡No hay razón para temer!». Cristo odiaba el miedo y le mostró al hombre que nació para vivir por la fe. Cristo les dio confianza, fe y paz a los que acudían a recibir su ayuda. Este tremendo mensaje conmocionó mi corazón.

Cristo resucitaba muertos. Nunca encontré un incidente en la Biblia en el que Cristo dirigiera un servicio fúnebre. Él daba vida a los muertos, transformando los funerales en magníficas resurrecciones.

Lo más destacado en mi mente fue la misericordia que Cristo mostró con el endemoniado. Durante la Guerra de Corea muchas personas perdieron sus familias y sus negocios. Al sufrir terribles crisis nerviosas, muchos quedaron completamente poseídos por el diablo. Desprovistos de refugio, deambulaban sin rumbo fijo por las calles.

Cristo estaba listo para enfrentar ese desafío. Por eso, expulsó demonios y restauró a los poseídos a una vida normal. El amor de Cristo fue poderoso, transformó vidas y cubrió las necesidades de todos los que acudían a él.

Convencido de que Jesucristo estaba vivo y conmovido por la vitalidad de su ministerio, caí de rodillas. Entonces le pedí a Cristo que entrara en mi corazón, que me salvara, que me sanara y que me librara de la muerte.

Al instante me invadió el gozo de la salvación y la paz del perdón de Cristo. Supe que era salvo. Así que, lleno del Espíritu Santo, me puse en pie y grité: «¡Gloria al Señor!».

A partir de ese momento, leo la Biblia como el hambriento que come pan. La Biblia suministró la base para toda la fe que necesitaba. A pesar del pronóstico y de los viejos sentimientos de miedo, pronto supe que iba a vivir. En vez de morir en tres meses, salí de mi lecho de muerte en seis.

Desde entonces he estado predicando el dinámico evangelio de Jesucristo. La chica cuyo nombre nunca supe me enseñó el nombre más precioso que jamás conoceré.

A través de los años, Dios me ha ayudado a comprender varios principios importantes de la fe. En los capítulos que siguen te mostraré esos principios para que puedas entrar en una dimensión más profunda y una vida más abundante.

Cristo es inmutable. Él es el mismo ayer, hoy y siempre.

Cristo quiere llevar tus cargas. Él puede perdonarte y sanarte. Puede expulsar a Satanás y darte confianza, fe y paz.

Cristo quiere darte vida eterna y ser parte activa de tu diario vivir. Mientras los ladrones vienen a matar y destruir, Jesucristo viene a darte vida plena y gratuita.

A través de la presencia del Espíritu Santo, Jesús está contigo en este preciso momento. Cristo desea sanarte y librarte de la muerte. Él es tu Dios vivo. Pon tu fe en Jesucristo y espera un milagro hoy.

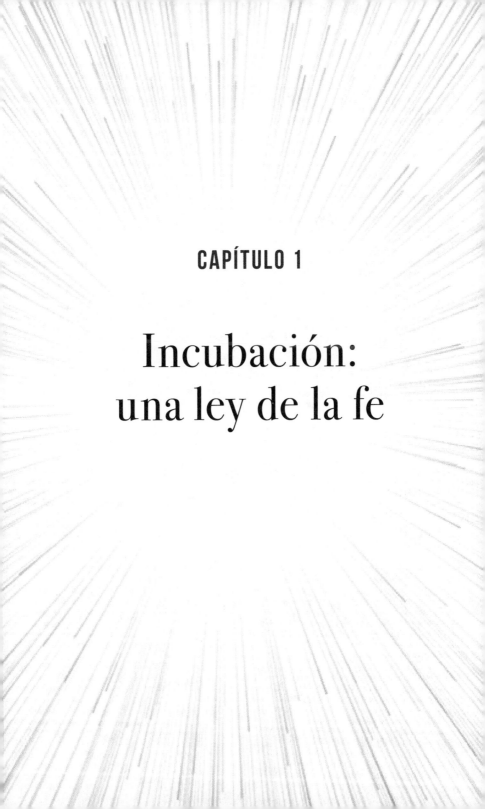

CAPÍTULO 1

Incubación: una ley de la fe

DIOS NUNCA MOSTRARÁ ninguna de sus grandes obras, a menos que lo haga a través de tu fe, tu fe personal. Se da por hecho que tienes fe, porque la Biblia dice que Dios nos ha dado —a todos y cada uno de nosotros— una medida de fe. Así que debes tener algo de fe, lo creas o no. Es posible que intentes sentirla, pero cuando realmente la necesites, la fe va a estar allí para que la uses. Pasa lo mismo que con tus dos brazos, que cuando los necesitas, los empleas. Sencillamente, los mueves y los pones en uso. Yo no necesito sentir que mis brazos estén colgando de mis hombros para saber que los tengo.

Sin embargo, hay ciertos modos en que la fe opera y esa fe te relaciona con tu Padre celestial, que habita dentro de ti. La Biblia dice que la fe es la sustancia de las cosas que se esperan. Sin embargo, esa sustancia no surge de la nada, tiene una primera etapa de desarrollo —o incubación— antes que pueda ser usada completa y eficazmente. Es posible que te preguntes: «¿Cuáles son, entonces, los elementos que pueden hacer útil mi fe?». Veamos cuatro pasos básicos del proceso de incubación.

VISUALIZA UN OBJETIVO CLARO

Primero, para usar tu fe debes tener una clara visión de tu objetivo. La fe es la sustancia de las cosas —cosas claramente nítidas— que se esperan. Si solo tienes una vaga idea en cuanto a lo que deseas alcanzar, es porque no tienes contacto con el Único que puede responder tu oración. Es imprescindible que tengas una meta bien clara y definida. Aprendí esa lección en una manera muy particular.

Llevaba algunos meses en el ministerio pastoral y, en cuanto a cosas materiales se refiere, no tenía absolutamente nada. Estaba soltero todavía y vivía en una pequeña pieza. No tenía escritorio, ni silla, ni cama. Dormía en el suelo, comía en el suelo y estudiaba en el suelo. Además, tenía que caminar kilómetros y kilómetros cada día, para poder ganar algunas almas.

Sin embargo un día, mientras estaba leyendo la Biblia, quedé tremendamente impresionado por las promesas de Dios. Descubrí que la Biblia decía que con solo poner mi fe en Jesús y orar en nombre de él, podía recibir cualquier cosa que pidiera. La Biblia también me enseñó que yo era ¡hijo de Dios, hijo del Rey de reyes y Señor de señores!

De modo que entonces oré diciendo: «Padre, ¿por qué un hijo del Rey de reyes y Señor de señores, tiene que vivir sin cama, sin escritorio, sin una silla y caminar tantos kilómetros cada día? Por lo menos, podría tener un escritorito sencillo, una sillita en la cual sentarme y una simple bicicleta para salir a visitar los hogares».

Sentía que, de acuerdo a las Escrituras, podía pedirle esas cosas al Señor. Así que me arrodillé y oré fervorosamente: «Padre, te alabo y oro a ti. Por favor, te pido que me mandes un escritorio, una silla y una bicicleta». Creí lo que dije con fe y alabé a Dios.

Cada día, partir de ese momento, comencé a esperar que llegaran las cosas que le pedí a Dios. Pasó un mes y no tuve ninguna respuesta. Luego pasaron dos, tres, cuatro, cinco, seis meses y todavía seguía esperando; no llegaba nada. Una vez, cierto día gris y lluvioso, caí en una depresión profunda. No tenía comida para esa noche y me sentí hambriento, cansado y derrotado. Así que comencé a lamentarme: «Señor, te he pedido un escritorio, una bicicleta y una silla hace varios meses, pero todavía no me has concedido ninguna de esas cosas. Sabes que le estoy predicando el evangelio a esta gente tan pobre de este barrio marginal. ¿Cómo puedo pedirles a ellos que ejerciten su fe, cuando no puedo practicarla ni para mí mismo? ¿Cómo puedo pedirles que pongan su fe en el Señor y que vivan solo de la Palabra, y no de pan?

»Padre mío, estoy realmente desanimado. Aun cuando me siento así, sé que no puedo negar la Palabra de Dios. La Palabra es firme, por lo que estoy seguro de que has de responderme, pero no sé cuándo ni cómo. Sin embargo, si vas a contestar mis oraciones después que muera, ¿qué provecho tendrá eso para mí? Si vas a contestar mi oración en vida, Señor, ¡que sea pronto!, por favor».

Luego me senté y empecé a llorar. Al poco rato, sentí una gran serenidad y una profunda tranquilidad invadió mi alma. Cada vez que he tenido esa clase de sensación —como si se manifestara la presencia real de Dios— es porque él me va a hablar; así que decidí esperar. Entonces capté en mi alma una voz apacible y delicada —la del Espíritu Santo— que me dijo: «Hijo mío, he escuchado la oración que hiciste hace tiempo atrás».

Al oír aquello, exclamé abruptamente: «Entonces, ¿dónde están mi escritorio, mi silla y mi bicicleta?».

El Espíritu volvió a decirme: «Ah, este es el problema contigo y con casi todos mis hijos. Me ruegan y demandan todo tipo de cosas, pero me piden en términos tan vagos que no puedo responderles. ¿No sabes tú que hay docenas de escritorios diferentes, muchas clases de sillas y muchas marcas de bicicletas? Me pediste simplemente "un escritorio, una silla y una bicicleta". Pero no me pediste algo específico».

Ese fue uno de los puntos críticos de mi vida. Ningún profesor de ninguna institución bíblica me había enseñado tal cosa. Cometí un error, pero resultó en un despertar que me motivó a averiguar cómo hacer las cosas.

Entonces dije: «Señor, ¿quieres que ore, realmente, en términos específicos?». Esa vez, el Señor hizo que recordara Hebreos 11:1, que dice: «La fe es la garantía de lo que se espera, la certeza de lo que no se ve».

Así que volví a arrodillarme y seguí orando: «Padre, lo siento. He cometido un error grave, no te he entendido. Anulo todas mis oraciones anteriores. Volveré a empezar».

De modo que le di las características del escritorio al Señor, el cual debía ser de caoba filipina. Le pedí la mejor clase de silla, una de aluminio liviano que tuviera rueditas en las patas, para moverme de un lado a otro con solo empujarme con el pie.

Luego le hablé de la bicicleta. Por cierto que consideré detenidamente el pedido, puesto que en Corea hay muchos tipos de bicicletas: coreanas, japonesas, formoseñas, alemanas. Pero en esos tiempos las que fabricaban en Corea o en Japón eran muy livianas, y yo deseaba una que fuera muy fuerte y maciza. Y como las bicicletas de fabricación estadounidense eran muy buenas, oré diciendo: «Señor, quiero una bicicleta hecha en Estados Unidos», que tenga cambio de velocidades. Así puedo regular la velocidad cuando suba o baje cuestas.

Ordené esas cosas en términos tan precisos que el Señor no podría tener ninguna dificultad, ni cometer ningún error, cuando me las enviara. Sentí fluir la fe en mi corazón, por lo que me regocijé en el Señor. Esa noche dormí como un chiquillo.

Sin embargo, cuando desperté a las cuatro y media de la mañana para mi habitual período de oración, sentí que mi corazón estaba vacío. La noche anterior tuve toda la fe del mundo pero parecía que, mientras dormí, se me había desaparecido toda. No sentía nada en mi corazón. Así que dije: «Padre, esto es terrible. Una cosa es tener fe y otra completamente diferente es conservarla hasta tener en la mano lo que uno ha pedido».

Este es un problema común a todos los cristianos. Pueden escuchar un rato a un excelente predicador y tener toda la fe del mundo mientras lo están oyendo. Pero, cuando llegan de regreso a su casa, advierten que toda la fe se les ha ido. La fe ha echado alas y se ha desaparecido.

En aquella mañana, cuando estaba leyendo la Biblia en busca de algún pasaje especial para predicar, mis ojos cayeron súbitamente en Romanos 4:17: «Dios ... da vida a los muertos y ... llama las cosas que no son como si ya existieran». Mi alma se aferró a esa escritura y mi corazón comenzó a entusiasmarse. Entonces me dije: «Debo llamar las cosas que no son como si ya fueran y como si ya las tuviera». Y así recibí la respuesta al asunto de cómo operar con mi fe.

Corrí a la carpa que nos servía de iglesia, donde ya había varios hermanos orando, y después de cantar algunos himnos comencé a predicar. Les expuse esa misma escritura y les dije: «Hermanos, por la bendición de Dios ya tengo un escritorio de caoba de las Filipinas, una hermosa silla de armazón de acero con rueditas y una bicicleta estadounidense con cambio de velocidades. ¡Alabado sea el Señor! ¡Ya he recibido todas esas cosas!».

La gente me miró y algunos carraspearon mientras otros mostraban su asombro, porque sabían que yo era absolutamente pobre. Pensaron que estaba fanfarroneando, por lo que no creyeron mis palabras. Pero yo estaba alabando a Dios por fe, tal como la Palabra de Dios me había dicho que lo hiciera.

Después del servicio, cuando yo iba saliendo, tres de los jóvenes de la iglesia me alcanzaron y me dijeron: «Pastor, queremos ver esas cosas».

Quedé petrificado, porque no había contado con el hecho de mostrar los objetos pedidos. Todos los miembros de la iglesia vivían en uno de los arrabales más pobres y, si se daban cuenta de que su pastor les había mentido, ya podía dar por terminado mi ministerio allí. Los jóvenes no estaban dispuestos a volver atrás. Así que me hallaba metido en una situación terrible, por lo que comencé a orar: «Señor, esta no fue idea mía. Desde el principio fue idea tuya que les dijera eso. Yo solamente te he obedecido y ahora estoy en un aprieto. Les he hablado como si ya fuera dueño de las tres cosas. ¿Qué explicación les puedo dar ahora? Así que ayúdame, como siempre lo has hecho».

Entonces el Señor acudió en mi ayuda y, al instante, surgió una idea en mi corazón. De modo que les dije decididamente: «Vengan a mi cuarto y verán».

Entraron todos juntos y observaron por todos lados para ver dónde estaban el escritorio, la silla y la bicicleta. Les dije: «No busquen más. Se las mostraré más tarde».

Apunté con el dedo a un joven llamado Park, que ahora es pastor de una de las iglesias más grandes de las Asambleas de Dios en Corea, y le dije:

—Te haré algunas preguntas. Si me las puedes contestar, te mostraré las tres cosas. Dime, ¿cuánto tiempo estuviste en el vientre de tu madre antes de que nacieras?

Él se rascó la cabeza y dijo:

—Nueve meses.

—Bien —respondí— ¿y qué estabas haciendo durante esos nueve meses en el vientre de tu madre?

—Ah, estaba creciendo.

—Pero —proseguí—, nadie te veía.

—Claro que no. Nadie podía verme porque yo estaba en el vientre.

Entonces le dije:

—Fíjate bien. Tú eras un verdadero niño, eras un ser real todo el tiempo que estuviste en el vientre de tu mamá, tanto como lo fuiste inmediatamente después de nacer. Tú me has dado la respuesta verdadera. La otra noche me arrodillé aquí y le pedí al Señor que me concediera la bicicleta, la silla y el escritorio, y por el poder del Espíritu Santo concebí esas tres cosas. Ellas están dentro de mí ahora y están creciendo. Y son tan reales y verdaderas como cuando llegue el día que me las traigan, cuando toda la gente las pueda ver.

Entonces se echaron a reír y dijeron:

—Es la primera vez que vemos a un hombre embarazado de un escritorio, una silla y una bicicleta.

Salieron corriendo de mi habitación y empezaron a hacer correr el rumor por toda el pueblo de que el pastor estaba embarazado de una bicicleta, una silla y un escritorio. Apenas podía caminar por las calles porque las mujeres se reunían para mirarme y reírse. Los jóvenes traviesos se me acercaban los domingos, me tocaban el estómago y me decían: «Pastor, ¡cómo crece su barriga!».

Sin embargo, en aquellos tiempos, tenía la plena seguridad de que las tres cosas estaban creciendo dentro de mí. Todo era cuestión de tiempo, como el que espera una madre hasta que su hijo nace. A uno también le pasa lo mismo cuando se fija objetivos claros y espera el tiempo adecuado para alcanzarlos.

Me mantuve alabando al Señor y, efectivamente —al debido tiempo— me llegaron las tres cosas. Y llegaron tal como las había pedido: el escritorio era de caoba de Filipinas, la silla era japonesa —fabricada por la Mitsubishi— y tenía rueditas en las patas para que pudiera deslizarme; y la bicicleta, ligeramente usada, era estadounidense con cambio de velocidades. Había sido propiedad del hijo de un misionero norteamericano. Traje a casa las tres cosas que había estado esperando por tanto tiempo y eso cambió por completo mi manera de orar.

Hasta entonces siempre había orado en términos poco concretos pero, desde ese día en adelante, nunca más oré en términos generales o imprecisos. Si Dios va a contestar nuestras oraciones en los mismos términos indefinidos conque nosotros pedimos, nunca podremos saber si las está contestando. Debemos orar siempre definida y específicamente.

El Señor no aprecia las oraciones vagas e imprecisas. Cuando Bartimeo el ciego, hijo de Timeo, corrió detrás de Jesús, lo hizo gritando: «Jesús, hijo de David, ten misericordia de mí». Aunque todo el mundo sabía que lo que él deseaba era la sanidad de sus ojos, con todo y eso Jesús le preguntó: «¿Qué quieres que te haga?». Cristo deseaba una respuesta muy específica. Bartimeo le dijo: «Maestro, que recobre la vista». Jesús le dijo: «Vete, tu fe te ha salvado». Entonces Bartimeo abrió los ojos.

Jesús no le concedió la sanidad sino hasta después de que el hombre le dijo específicamente que quería la sanación de su ceguera. Cuando traigas tus pedidos al Señor, ven con un requerimiento específico, un objetivo bien claro y una meta bien definida.

Una vez me hallaba visitando cierta iglesia cuando, después del culto, la esposa del pastor me invitó a la oficina pastoral. El pastor me dijo:

—Hermano Cho, por favor, ¿podría orar por una dama que está aquí?

—¿Qué necesidad tiene ella? —le pregunté.

—Bueno, quiere casarse, pero todavía no ha encontrado marido.

—Dígale que venga.

Ella entró y vi que era una linda mujer, una solterita de unos treinta años.

—Hermana —le pregunté—, ¿cuánto tiempo hace que ora por un esposo?

—Más de diez años —me respondió.

—¿Por qué Dios no ha contestado sus oraciones en estos diez años? —inquirí—. ¿Qué clase de esposo le ha pedido?

Ella se encogió de hombros y dijo:

—Bueno, eso es cosa de Dios. Él sabe todas las cosas.

—Está en un error —le dije—. Dios no trabaja nunca para él. Siempre lo hace para usted. Dios es la fuente eterna de todas las bendiciones, pero solo obra en respuesta a las oraciones suyas. ¿Desea realmente que ore por usted?

—Sí.

—Muy bien, entonces traiga papel y lápiz, y siéntese aquí delante de mí.

Ella se sentó y yo le dije:

—Si responde todas las preguntas que le voy a formular, oraré por usted; si no, no. Número uno: usted realmente desea un marido, pero ¿qué clase de esposo? ¿Asiático, blanco o negro?

—Blanco.

—Muy bien. Ahora escriba la pregunta número dos. ¿Cómo quiere que sea su esposo: alto, mediano o bajo?

—¡Ah, yo deseo un marido muy alto!

—Escriba eso. Número tres. ¿Desea usted un marido delgado y de buena presencia o uno que sea así no más?

—Quiero que sea delgado y elegante.

—Escriba delgado y elegante. Número cuatro: ¿Qué clase de afición quiere que tenga su marido?

—Me gustaría que fuera músico.

—Perfectamente. Escriba «músico». Ahora, ¿qué clase de trabajo quiere que tenga su marido?

—¡Maestro de escuela!

—Bien. Escriba «maestro de escuela».

Le hice más o menos diez preguntas, las que apuntó en el papel. Entonces le dije:

—Por favor, lea su lista.

Ella leyó punto por punto. Luego le dije:

—Cierre ahora sus ojos. ¿Puede visualizar a su marido?

—Sí, lo puedo ver claramente.

—Muy bien. Ahora, ordénelo. Hasta que usted no visualice nítidamente a su futuro marido en su imaginación, no podrá pedir por él, porque Dios no le va a contestar. Usted tiene que verlo claramente antes de empezar a orar. Dios nunca contesta oraciones vagas.

Ella se arrodilló y yo puse mis manos sobre ella.

—Oh, Señor, esta hermana ve ahora claramente a su marido. Yo también puedo verlo. Y tú, Señor, también lo ves. Dios mío, te lo pedimos en el nombre de Jesús.

—Hermana —terminé diciendo— agarre este papel y péguelo en el espejo de su cuarto. Cada noche, antes de ir a la cama, lea estos diez puntos y ore. Y cada mañana, cuando se levante, vuelva a leerlos, y pida de nuevo por su marido, y alabe a Dios por su respuesta.

Pasó como un año. Yo andaba, otra vez, cerca de esa iglesia cuando la esposa del pastor volvió a llamarme por teléfono.

—Pastor —me dijo—, ¿podría venir a casa y almorzar con nosotros?

—Con todo gusto —le dije. Y fui a almorzar con ellos.

No bien llegué a la cafetería, la esposa del pastor me dijo entusiasmada:

—¡Se casó, se casó!

—¿Quién se casó?

—¿Recuerda aquella muchacha por la cual estuvo orando? Usted le pidió que escribiera diez cosas. ¡Ya se casó!

—Sí, ahora lo recuerdo. ¿Y cómo pasó eso?

—Ese mismo verano llegó a nuestra iglesia un maestro de música de una escuela secundaria, junto con un cuarteto de jóvenes. Se quedaron una semana con nosotros, para cantar en una serie de reuniones especiales. Era un joven soltero, todas las chicas de la iglesia estaban locas por él. Todas deseaban salir a pasear con él, pero él se mostraba indiferente a todas. Sin embargo, estaba fascinado con la mayor de ellas. Siempre andaba con ella y, antes de irse de regreso a su casa, le pidió que se casara con él. Ella no vaciló un instante y le dijo que sí. Se casaron felizmente en esa misma iglesia y el día que se casaron, la mamá de ella agarró el papel y leyó ante la congregación los diez puntos que ella escribió. Después rompió el papel delante de todos.

Parece un cuento, pero sucedió realmente así. Deseo recordarles una cosa: Dios está dentro de ustedes. Él nunca hace nada por ti independientemente de lo que creas o necesites. Dios trabaja a través de tus pensamientos, a través de tus creencias; de modo que siempre que quieras que Dios conteste tus oraciones, sé bien claro y definido con tus peticiones.

No digas simplemente: «Dios, bendíceme, bendíceme». ¿Sabes cuántas bendiciones tiene la Biblia? ¡Más de ocho mil promesas! Si dices: «Dios bendíceme», Dios puede preguntarte: «¿Qué bendición, de las ocho mil que tengo, quieres que te dé?». Por eso tienes que ser concreto. Toma tu libreta o tu teléfono inteligente, escribe tu petición e imagínatela claramente.

Siempre le he pedido al Señor que nos conceda un avivamiento en base a números bien definidos. En 1960, comencé a orar: «Dios, dame mil miembros más cada año». Y, hasta 1969, se fueron agregando mil nuevos miembros cada doce meses.

No obstante, desde 1969 cambié de idea. Me puse a pensar: «Si Dios puede darme mil miembros nuevos cada año, ¿por qué no pedirle que nos dé mil miembros nuevos cada mes?». Así que, desde 1970, empecé a orar: «Padre, danos mil miembros nuevos por mes».

Al principio el Señor nos dio 600 nuevos miembros, pero poco después me estaba dando mil cada treinta días. El año anterior recibimos doce mil miembros nuevos en la iglesia. Al siguiente año aumenté un poco más la meta y pedí quince mil. Y el próximo año subí a veinte mil. Si tienes un deseo bien definido y puedes visualizarlo, entonces puedes llegar a verlo realizado.

Cuando estábamos construyendo el edificio de la iglesia, que para ese tiempo iba a tener una capacidad de 10.000 asientos, yo lo visualicé completamente aun antes que comenzaran a echar el concreto. Caminé centenares de veces por el edificio en construcción. Siempre sentía la presencia del Espíritu Santo. Llegué a sentir físicamente la magnitud de esa iglesia, aquello me estremecía el corazón. Tú también tienes que ver y sentir el deseo en tu corazón, visualizarlo nítidamente en el alma y experimentarlo en tus emociones. Si no ejercitas esta ley de la fe, nunca tendrás una respuesta definida a tus oraciones.

Yo siempre procuro ver el objetivo claramente en mis oraciones. Deseo verlo tan nítido que me produzca un estremecimiento en el corazón. Entonces veo cumplida la primera condición.

EL DESEO ARDIENTE

En segundo lugar, si tienes una visión clara, puedes sentir un deseo ardiente por tus objetivos. Mucha gente ora superficialmente así: «Dios, contesta mi oración». Y antes de salir de la iglesia ya han olvidado lo que pidieron. Esa clase de actitud nunca trae fe ni el toque del Señor. Necesitas sentir un deseo ardiente, que te queme.

En Proverbios 10:24 se puede leer: «Lo que el justo desea, eso recibe». En el Salmo 37:4 se lee: «Deléitate en el Señor, y él te concederá los deseos de tu corazón». Es necesario sentir un deseo muy ardiente por lo que quieres, y mantenerte viéndolo, hasta que se materialice.

Cuando comencé mi ministerio en 1958, tenía en mi alma un deseo que me quemaba, el ardiente anhelo de edificar la iglesia más grande de Corea. Era un deseo que ardía dentro de mí y vivía con él, dormía con él, caminaba con él. Hoy en día, después de varias décadas, se dice que mi iglesia es la más grande que hay en todo el mundo [actualmente cuenta con más de 800.000 miembros].

Debes tener un deseo ardiente en tu corazón. A Dios no le gustan los tibios, porque él solo se especializa en lo que está al rojo vivo. Si tus deseos están al rojo vivo, entonces podrás ver los resultados.

ORA POR LA ESENCIA
DE LA SEGURIDAD

Tercero, debes tener la sustancia o la seguridad. En el idioma griego sustancia es *hypostasis*. En lenguaje común, la palabra puede significar «título o papel legal». Cuando tienes una meta bien definida, y un deseo ardiente en el corazón, uno que llegue al punto de ebullición, entonces puedes arrodillarte y orar hasta que tengas la sustancia o esencia de la seguridad.

Cuando estuve dirigiendo una reunión en Hawái, una mujer japonesa se me acercó y me preguntó cuánto tiempo tenía que orar ella para tener seguridad. Le dije que a veces son necesarios solo unos minutos y que, si podía lograr esa esencia de la seguridad en el instante, no necesitaba orar más. «Pero —le dije— podría tomar tanto dos minutos como dos horas o dos años. Cualquiera sea el tiempo que demande, debe seguir orando hasta tener esa certeza».

Los occidentales viven envueltos en el problema de vivir conforme a un horario. Todo lo de ellos es correr, correr y correr. Pronto carecen de tiempo para estar con sus familias, para visitar a los amigos y aun para estar callados delante del Señor. Todo tiene que ser instantáneo: desayuno rápido, comida precocinada, alimentos en lata, café soluble al instante. Todo debe estar listo en menos de cinco minutos. De modo que cuando van a la iglesia oran diciendo: «Oh, Dios, respóndeme enseguida, pues solo tengo cinco minutos. Y si no puedes responderme en cinco minutos, mejor olvídalo». No saben esperar delante del Señor.

Los estadounidenses han convertido las iglesias en lugares de esparcimiento. En Corea hemos terminado con todo esparcimiento y entretenimiento. Hacemos unos anuncios muy breves y le damos toda la preeminencia a la Palabra de Dios. Después de predicar la Palabra de Dios hay dos o tres números especiales y entonces concluimos. La Palabra de Dios siempre es lo más relevante.

Una vez fui invitado a predicar en un servicio vespertino en una iglesia de Alabama, Estados Unidos. El culto comenzó a las 7:00 de la noche y, entre anuncios, cantos y números especiales se fueron como dos horas. Yo me estaba durmiendo, sentado en la plataforma. La gente también estaba empezando a cansarse. El pastor se me acercó y me dijo: «Cho, predique solo diez minutos esta noche, porque tenemos un magnífico programa de televisión, y desearíamos que nos hable solo diez minutos». Yo viajé desde Corea, invitado por ellos, ¡para hablarles solo diez minutos!

Con una iglesia así uno no puede esperar la plena bendición de Dios. Una iglesia como esa necesita esperar largo tiempo delante del Señor, lo mismo que requiere de una sólida predicación de la Palabra de Dios. Esto es lo que edifica la fe. Debes esperar delante del Señor todo el tiempo que sea necesario hasta que adquieras seguridad.

Cuando necesitaba cinco millones de dólares para terminar la iglesia, que ya estaba en construcción, tenía una visión muy clara, un fin bien visible y un deseo ardiente de tener lista la edificación con asientos para diez mil asistentes. Pero mi corazón estaba lleno de temor. Estaba trémulo, asustado, no tenía seguridad. Esos cinco millones eran como el pico del Everest y yo estaba como un conejo asustado. Para los extranjeros ricos cinco millones de dólares no significaban mucho, pero para los coreanos pobres eran una gigantesca suma de dinero. Así que empecé a orar como una persona que se está muriendo. Dije: «Señor, ya empezamos la construcción. Pero todavía no tenemos ninguna seguridad. Y no sé de dónde conseguir ese dinero».

Comencé a preocuparme. Pasó un mes y yo todavía sin conseguir paz ni seguridad. Pasó un segundo mes, y me mantenía orando hasta las doce de la noche. Podía arrojar mi cama a un lado, y acurrucarme en un rincón a llorar. Mi esposa pensaba que me estaba volviendo loco, pero yo estaba mentalmente ciego. Me pasaba el tiempo parado allí, sin hablar ni pensar, solo haciendo girar en mi cabeza la suma de cinco millones de dólares.

Después de orar intensamente durante tres meses, una mañana mi esposa me llamó.

—Querido, el desayuno está listo.

Al salir de mi estudio —y casi en el preciso momento de sentarme a la mesa— de repente, los cielos se abrieron y una tremenda bendición se derramó en mi corazón. Sentí que me impartían, en el alma, la certeza y la esencia de la seguridad. De forma que salté de la silla y empecé a gritar:

—Lo tengo, lo tengo; oh sí, ¡lo tengo!

Mi esposa salió corriendo de la cocina con el rostro intensamente pálido. Se veía aterrada, por lo que me dijo:

—Querido, ¿te sientes bien? ¿qué te pasa? ¡Siéntate!

—Ya lo tengo —le repetí.

—¿Qué es lo que tienes?

—Los cinco millones de dólares, los tengo —afirmé con toda seguridad.

—Te has vuelto loco —dijo ella—, estás completamente loco.

—No, querida. Los tengo dentro de mí. ¡Están creciendo! ¡Sí, están creciendo dentro de mí!

Súbitamente vi los cinco millones convertirse en una piedrecita que tenía en la mano. Oré con absoluta seguridad. Mi fe agarró la representación de los cinco millones de dólares y no hice más que echar mano de ellos. Eran míos.

Yo ya tenía la sustancia. Y una vez que tienes esa sustancia —el título legal de propiedad— veas las cosas o no, ellas vendrán a ser legítimamente tuyas, porque ya te pertenecen legalmente; tienen que llegar a ser tuyas por completo. De modo que oré hasta conseguir esa seguridad.

Durante el inicio de ese año oré continuamente pidiendo 50.000 miembros, hasta que el Señor me dio la seguridad de que los tendría. Así que los reclamé y los vi en mi corazón. Esas personas estaban dentro de mí, creciendo, de la misma manera que iban creciendo fuera de mí. Este es el secreto: orar hasta tener la sustancia, la seguridad.

DI LA PALABRA

Cuarto, debes dar muestras de tu fe. La Biblia dice que Dios levanta a los muertos. Eso significa que Dios realiza milagros, llamando a las «cosas que no son, como si son».

Abraham era un viejo de cien años y Sara una anciana de noventa. Ambos tenían un anhelo muy claro: tener un hijo. Sentían un deseo ardiente de ver a ese hijo, por lo que oraron durante veinticinco años. En cierto momento Dios les dio una promesa y, cuando tuvieron la seguridad, Dios cambió inmediatamente sus nombres. «Ya no te llamarás Abram, sino que de ahora en adelante tu nombre será Abraham, porque te he confirmado como padre de una multitud de naciones ... A Saray, tu esposa, ya no la llamarás Saray, sino que su nombre será Sara» (Génesis 17:5, 15).

Abraham protestó ante Dios. «Padre, la gente se reirá de mí. En casa no tenemos ni siquiera un gatito y tú dices que vas a cambiar mi nombre a "Padre de una multitud", y a Saray la vas a llamar "Princesa". ¡Toda la gente del pueblo va a decir que estoy loco!».

Pero Dios dijo: «Si deseas trabajar conmigo tendrás que hacer las cosas como yo las hago. Yo llamo las cosas que no son como si fueran, y si no hablas claramente como si ya tuvieras lo que todavía no es, no serás de mi equipo».

De modo que Abram cambió su nombre. Y se acercó a su mujer y le dijo: «Esposa mía, mi nombre ha sido cambiado. Ya no soy más Abram, sino Abraham, padre de una multitud. Dios ha cambiado mi nombre. Y tú tampoco serás más Sarai, sino Sara».

Esa misma noche Abraham iba caminando hacia el valle. Sara, que ya tenía lista la cena, llamó a su marido: «Abraham, la cena está lista». Estas palabras resonaron por todo el lugar.

Los aldeanos dejaron de trabajar y se miraron unos a otros. Es probable que dijeran: «¡Oigan eso, lo está llamando Abraham, padre de una multitud! Pobre Sarai, está tan ansiosa de tener un hijo, aunque es una vieja de noventa años, que ha comenzado a llamar a su marido "padre de naciones". Debe haber perdido el juicio. ¡Nos da mucha pena!».

Entonces oyeron una fuerte voz de barítono que decía: «¡Querida Sara, enseguida estoy contigo!».

«¿Qué?», probablemente volvieron a comentar los aldeanos, «¿Sara, princesa, madre de muchos hijos? ¡Ah, a Abraham lo agarró la misma chifladura! Los dos se han vuelto locos».

Abraham y Sara, sin embargo, no hicieron caso a los comentarios de los vecinos. Se llamaron el uno al otro «Padre de multitud» y «Princesa». Y tal como se llamaron el uno al otro, exactamente como dieron testimonio de su seguridad, tuvieron un niño muy hermoso al cual llamaron Isaac, que significa «risa».

Hermanos y hermanas, ¿desean ustedes ver una sonrisa en sus rostros? ¿Desean ver sonrisas en los de su casa? ¿Desean ver sonrisas en sus negocios y en sus iglesias? ¡Usen la ley de la fe! Entonces podrán ver muchos «Isaac» naciendo en sus vidas.

Los milagros no se producen al azar. Hay leyes en el reino espiritual y tu corazón guarda un tesoro de recursos inagotables. Dios habita dentro de ti. Pero no va a hacer nada por ti, a menos que lo haga usando tu propia vida. Dios quiere cooperar contigo para que obtengas grandes cosas. Dios es el mismo de siempre, él nunca cambia. Pero hasta que no cambie la persona, Dios no puede manifestarse en ella. Dios usó a Moisés y a Josué así como a otros gigantes de la fe. Pero cuando Moisés y Josué murieron, y no surgieron otros hombres como ellos, el pueblo comenzó a desbarrancarse y Dios dejó de manifestar su poder.

Dios desea manifestarse hoy a través de ti, tal como lo hizo en Cristo hace más de dos mil años. Él es tan poderoso como entonces, pero depende de ti que te dejes usar por él. Creo que Dios podría edificar una iglesia para cien mil personas en Corea, en Japón, en Alemania, en Estados Unidos o en cualquier parte, porque la visión de una iglesia tan grande no está afuera, sino en el interior de uno.

Lo que engendras en tu corazón y en tu mente está listo para hacerse realidad en tu ambiente y tus circunstancias. Vigila tu corazón y tu mente más que ninguna otra cosa. No trates de hallar la respuesta de Dios en otra persona, porque la respuesta de Dios viene a tu espíritu y, por medio de tu espíritu, la respuesta de Dios se materializa en tus circunstancias.

Clama por una palabra de seguridad y pronúnciala porque, de todos modos, la Palabra de Dios se pronuncia y crea. Dios habló y se formó el cosmos. La Palabra de Dios es la materia prima que el Espíritu Santo emplea para crear.

Así que debes pronunciar la palabra, porque es muy importante. La iglesia de hoy ha perdido el arte de dictar órdenes. Los cristianos hemos venido a ser perpetuos mendigos, porque estamos mendigando constantemente. Moisés oró en la orilla del Mar Rojo: «¡Oh, Dios, ayúdanos, porque vienen los egipcios!». Dios le replicó: «¿Por qué clamas a mí? ¡Ordena a los israelitas que se pongan en marcha! Y tú, levanta tu vara, extiende tu brazo sobre el mar y divide las aguas, para que los israelitas lo crucen sobre terreno seco» (Éxodo 14:15-16).

Hay momentos en los que debes orar, pero hay otros en que solo tienes que dar la orden. Debes orar cuando estás en tu cámara secreta de oración, pero cuando te halles en el campo de batalla, entonces debes dictar la palabra creadora. Cuando leemos la vida de Jesucristo, vemos que siempre estaba dando órdenes. A veces oraba toda la noche. ¡Pero cuando iba al frente de batalla, daba órdenes! Mandaba que el pueblo fuese sanado. Ordenaba a las olas del mar que se calmaran. Mandaba al demonio que saliera de las personas.

Y sus discípulos hicieron lo mismo, exactamente. Pedro le dijo al mendigo: «No tengo plata ni oro, pero lo que tengo te doy», y luego le ordenó: «en el nombre de Jesucristo de Nazaret, ¡levántate y anda!» (Hechos 3:6). Al cuerpo exánime de Dorcas le ordenó: «Tabita, a ti te digo ¡levántate!» (Hechos 9:40). Por otra parte, Pablo ordenó al paralítico de Listra: «¡Levántate derecho sobre tus pies!» (Hechos 14:10). Ellos sabían pronunciar la palabra creadora.

La Biblia habla de la sanidad de los enfermos. En la epístola de Santiago leemos: «La oración de fe salvará al enfermo» (Santiago 5:15). Dios nos pide claramente que sanemos a los enfermos, de modo que en mi iglesia yo sano a los enfermos en la forma en que el Espíritu me guía a hacerlo. Me coloco frente a ellos y les digo: «Estás sano,

¡levántate y ponte derecho!». Entonces pido que se manifieste la sanidad y los enfermos son sanados por docenas,
por centenares, como a Dios le place.

Hace mucho tiempo me encontraba celebrando una serie
de reuniones en un país occidental. Una noche, había más
de 1.500 personas apretadas en un lugar. Justo enfrente de
mí había una señora en silla de ruedas. Su cuerpo se veía
muy torcido y tenía un aspecto muy deprimido. Le pregunté al Señor: «¿Por qué pusiste esta señora delante de mí?
No puedo ejercer mi fe después de verla». Así que traté de
no mirarla cuando predicaba. Veía hacia la derecha y luego rápidamente hacia la izquierda, porque el hecho de solo
verla era como si me echaran un balde de agua fría.

Al finalizar el sermón, el Espíritu Santo me dijo súbitamente: «Bájate, y levántala».

Al instante contesté: «Querido Espíritu, ¿realmente
quieres decirme que debo bajar y levantarla de su silla de
enferma? Ella está muy mal, muy torcida. Me pregunto
si incluso Jesús podría enderezarla. Yo no puedo hacerlo.
Tengo miedo».

Pero el Espíritu volvió a decirme: «Ve y enderézala».

Rehusé otra vez, diciendo: «¡Ah, no, me da miedo!».

Así que comencé a orar por otras sanidades, como me
mostraba el Espíritu, muy diferentes al caso de esa mujer.
Primero, una mujer ciega fue sanada. Estaba tan asustada
cuando oré por ella, que cuando sus ojos fueron abiertos y
pudo ver, cayó desmayada. Entonces comenzaron a venir
los enfermos de todas partes del auditorio. Yo oraba por
toda clase de enfermedades, pero el Espíritu seguía insistiendo: «Baja y enderézala».

Volví a decirle: «Padre, está demasiado torcida. La verdad es que temo arriesgarme».

Al final del servicio, cuando el pastor pidió a la congregación que se pusieran de pie para cantar el último himno, bajé de la plataforma y me dirigí hacia la mujer. Con un susurro le dije al oído: «Señora, si usted desea, puede levantarse ahora mismo de esta silla». Enseguida me alejé rápidamente.

Cuando volteé, toda la gente estaba gritando y batiendo sus palmas; aplaudiendo. La señora se había incorporado de la silla de ruedas y caminaba alrededor de la plataforma. Me di cuenta de que había sido un tonto. Porque si esa señora hubiera sido sanada al principio de la reunión, esa noche el mismo cielo habría bajado a la tierra. Pero yo había tenido miedo y había perdido una oportunidad.

Mucha gente se me acerca y me pregunta si tengo el don de la fe o el don de la sanidad. Yo he examinado profundamente mi corazón y no he hallado ningún don en mí. Creo que las sanidades se producen porque el Espíritu Santo habita en mí. El Espíritu Santo es el que tiene los dones, los nueve, y él habita dentro de nosotros. Es el Espíritu Santo el que se manifiesta a sí mismo por medio de mí. Yo no tengo ninguno de los dones, es el Espíritu Santo quien los tiene. Yo solamente creo en él y le obedezco.

¿Qué clase de don tengo yo? Podría decirte que tengo uno, el don de la intrepidez, del arrojo o de la audacia. Con este don, nos lanzamos a una empresa por fe y el Espíritu Santo sigue detrás de nosotros. La Biblia no dice que una señal irá delante de ti. Más bien dice que las señales te seguirán. Tú debes marchar adelante, para que las señales te sigan. Mantente dentro de la ley de la incubación y observa, a lo largo de tu vida, cómo siguen —señales tras señales— tras tu camino de fe.

Tienes todos los recursos dentro de ti y conoces todos los elementos que se necesitan para la incubación, de forma que puedas usar tu fe. Fija un objetivo o meta muy claro y definido. Desea fervientemente al punto que ardas y ora, hasta tener una seguridad plena de lo que quieres. Luego comienza a pronunciar la palabra que te ha sido dada con autoridad.

CAPÍTULO 2

La cuarta dimensión

Así COMO HAY ciertos pasos que debemos seguir para que nuestra fe sea incubada apropiadamente, hay también una verdad central concerniente al reino de la fe que necesitamos comprender. La lección más importante que he aprendido acerca de la naturaleza del reino de la fe comenzó como resultado de algo que, al principio, fue una experiencia poco grata.

En Estados Unidos los ministros y pastores no tienen esta clase de problemas, pero en el Oriente he experimentado muchas tribulaciones predicando acerca del milagroso poder de Dios, debido a que en el budismo los monjes también hacen milagros fantásticos. Hace un tiempo, una mujer coreana estaba muriendo de un cáncer incurable. Todos los médicos que la trataron se habían declarado impotentes. Así que fue a varias iglesias y hasta visitó a un monje budista. Este monje la llevó a cierto lugar donde había otros budistas orando y la mujer fue completamente sanada. El cáncer desapareció como por encanto.

Mucha gente en Corea, que practica el yoga, está sanando enfermos por medio de la meditación. Cuando vas a las reuniones de los *sokakkakai* japoneses, puedes ver a muchos enfermos que son sanados. Unos de úlceras en el estómago. Otros de sordera, o mudez, y también ves ciegos recuperando la vista. De modo que los cristianos, y sobre todo nosotros los pentecostales, tenemos dificultad para explicar esas cosas. No se puede decir simplemente que son manifestaciones del diablo. Pero si el diablo puede realizar tales sanidades, ¿por qué la iglesia de Cristo no puede hacer muchas más?

Un día, estaba bastante preocupado. Muchos de nuestros hermanos cristianos veían los milagros de Dios como algo poco relevante, sin importancia. Al punto que algunos decían: «¿Cómo podemos creer que nuestro Dios es un ser absolutamente divino? ¿Cómo podemos decir que Jehová es el único creador que mora en los lugares celestiales? Vemos milagros en el budismo, milagros entre los yoguis, milagros entre los *sokakkakai*. Estamos viendo milagros en todas las religiones orientales. ¿Por qué, entonces, vamos a aclamar a Jehová como el único creador del universo?».

Sin embargo, yo sabía que nuestro Dios es el único Dios, el verdadero Dios, creador del universo. De modo que me dediqué a atender todas las preguntas de la gente e hice de ello un profundo motivo de oración delante del Señor. Oré y ayuné, buscando que el Señor me diera la respuesta a la vez que aumentaba mi fe. Entonces vino a mi corazón una revelación gloriosa y recibí una clara invitación. Desde ese momento en adelante comencé a explicar esas cosas en mis mensajes a la iglesia de Corea. Ahora puedo dar una respuesta satisfactoria a cualquiera de esas preguntas. Y puedo dar explicaciones claras, tan diáfanas como el mediodía. Permíteme que te explique.

LAS CUATRO DIMENSIONES

En el universo hay tres tipos de espíritus: el Espíritu Santo de Dios, el espíritu del diablo y el espíritu humano. Cuando estudias geometría, pones dos puntos: uno aquí y otro allá, y si tiras una línea entre esos dos puntos, puedes decir que esa línea es una dimensión. Es justamente eso, una línea entre dos puntos, una dimensión. Pero si vas agregando más y más líneas, una sobre otra, por cientos de miles, tienes una segunda dimensión. Tienes un plano o superficie. Y si agregas plano sobre plano, en una sucesión indefinida, tienes una tercera dimensión. El mundo material y la tierra entera pertenecen a este universo de tres dimensiones.

Esta primera dimensión, la línea, está dentro y —por lo tanto— controlada por la segunda dimensión, el plano. Y la segunda dimensión está contenida y controlada por la tercera dimensión, el cubo. De modo que, ¿quién crea, contiene y controla la tercera dimensión, el mundo cúbico? La respuesta está cuando abres la Biblia y lees Génesis 1:2: «La tierra era un caos total, las tinieblas cubrían el abismo, y el Espíritu de Dios se movía sobre la superficie de las aguas».

Sin embargo, si examinas el lenguaje original de la Biblia, ese versículo quiere decir que el Espíritu de Dios estaba incubando sobre las aguas, empollando en las aguas. Este mundo caótico pertenece a la tercera dimensión. Pero el Espíritu Santo, que se muestra aquí como incubando la tercera dimensión, pertenece a la cuarta dimensión. Del mismo modo, el reino espiritual de la fe pertenece a la cuarta dimensión.

Puesto que el reino espiritual abarca la tercera dimensión, e incuba la tercera dimensión, fue por esa incubación de la cuarta dimensión con la tercera que se recreó la tierra. Un nuevo orden surgió del antiguo, y la vida salió de la muerte, la belleza fue extraída de la fealdad, la limpieza de las cosas que estaban sucias y la abundancia surgió de la pobreza. Todo fue creado bello y hermoso por la incubación de la cuarta dimensión.

Fue entonces que Dios habló a mi corazón: «Hijo, así como la tercera dimensión incluye y controla la segunda, también la cuarta incluye y controla la tercera, produciendo una creación de orden y belleza. El espíritu es la cuarta dimensión. Cada humano es un ser espiritual al igual que físico. Ellos tienen tanto la cuarta como la tercera dimensión en sus corazones». De modo que los hombres, al explorar su esfera espiritual en la cuarta dimensión, por medio de visiones, imaginaciones y sueños, pueden influir sobre la tercera dimensión, produciendo cambios en ella. Esto fue lo que me enseñó el Espíritu Santo.

Por eso los yoguis y monjes budistas pueden, en lo natural, explorar y desarrollar humanamente su cuarta dimensión, su esfera espiritual; por ejemplo, con una visión clara de lo que desean e imaginándose una buena salud, pueden incubar eso en los cuerpos enfermos. Por orden natural, la cuarta dimensión tiene poder sobre la tercera dimensión y, el espíritu humano —con sus limitaciones— puede dar órdenes y crear cosas. Dios le dio al hombre poder sobre la creación. De forma que puede controlar el mundo material y ejercer dominio sobre las cosas, responsabilidad que puede llevar a cabo a través de la cuarta dimensión. Cualquier persona, aun los no creyentes en Cristo, pueden desarrollar su ser interior y obtener dominio sobre la tercera dimensión, lo cual incluye enfermedades y debilidades.

Entonces, el Espíritu me dijo: «Observa a los *sokakkakai*. Ellos pertenecen a Satanás. El espíritu humano de ellos se une con el espíritu diabólico y, con la maligna cuarta dimensión, pueden tomar dominio sobre sus cuerpos y sus circunstancias». El Espíritu Santo me dijo también que ese fue el poder que usaron los magos de Egipto cuando pudieron repetir algunas de las señales de Moisés.

Dios me enseñó que, dado que nosotros los cristianos podemos relacionar la cuarta dimensión de nuestro espíritu con la cuarta dimensión de nuestro Padre —Creador del universo—, podemos tener mucho más dominio sobre las circunstancias. ¡Alabado sea el Señor! Podemos llegar a ser fantásticamente creativos y ejercer gran control y poder sobre la tercera dimensión.

Después de recibir esa revelación del Señor comencé a enseñar fácilmente la razón por la que hay señales y milagros en otras religiones. Las personas podían venir a mí y decirme: «Nosotros también hacemos milagros».

Y yo podía contestar: «Sí, sé que pueden, porque tienen la cuarta dimensión en sus espíritus. Han desarrollado sus espíritus, y tienen dominio sobre los cuerpos y las circunstancias. Pero ese espíritu que ustedes tienen no es un espíritu santificado. De todos modos, ustedes se van a ir al infierno, aun cuando operen señales y milagros.

»Ustedes están ligados al espíritu maligno de la cuarta dimensión. La cuarta dimensión tiene poder para dominar en la tercera dimensión. Ustedes tienen un poder limitado para influir en ella y en sus circunstancias».

EL PAPEL DEL SUBCONSCIENTE

Cuando visité Estados Unidos vi una cantidad de libros acerca del poder de la mente y vi que ahí también sucedían cosas similares a las del Oriente, por todo ese énfasis que ponen en el subconsciente. ¿Qué es el subconsciente? El subconsciente es tu espíritu. La Biblia dice que el subconsciente es el hombre interior, el hombre oculto en el corazón.

Antes que la psicología hallara el subconsciente, el apóstol Pablo hablaba de ella dos mil años atrás. Los científicos y psicólogos de hoy alardean mucho de su descubrimiento, hurgando en las ideas del subconsciente y tratando de dirigir sus energías. Pero aunque el subconsciente es de la cuarta dimensión, y tiene cierto poder, hay mucho engaño y decepción en lo que la gente afirma al respecto.

Me asombré al leer los libros que me dieron algunos ministros estadounidenses, porque casi habían convertido al subconsciente en un dios todopoderoso, lo cual es un gran engaño. El subconsciente tiene cierta influencia, pero es bastante limitada, y no puede crear como lo hace nuestro Todopoderoso Dios. La iglesia Unitaria de Estados Unidos de América, por ejemplo, está tratando de desarrollar el subconsciente a fin de poner ese espíritu humano en lugar de Jesucristo. Sin duda alguna, esto es un gran engaño y un gran peligro.

Aunque reconozco que hay ciertas verdades y realidades en esas enseñanzas, es también importante comprender que el diablo actúa dentro de una cuarta dimensión diabólica. Nuestro Dios, sin embargo, es santo, único y todopoderoso. La cuarta dimensión está siempre creando y produciendo orden, y ejerciendo dominio e influencia sobre la tercera dimensión, por medio de la incubación. En Génesis, capítulo 1, se ve al Espíritu de Dios incubando, cubriendo, las aguas. Igual que una gallina sobre sus huevos y esperando que nazcan sus pollitos. En la misma manera que el Espíritu Santo incuba sobre la tercera dimensión, en gran parte (no en toda) el espíritu diabólico también incuba.

Al ver las noticias por televisión en Estados Unidos me enteré de que un hombre había sido asesinado, por lo que se levantó una gran controversia sobre él. El abogado defensor del joven que cometió el crimen, alegaba que la culpa del suceso la tenía la influencia que ejercen los programas violentos que se ven por televisión. Lo cierto es que hay algo de verdad en eso porque ese joven, después de ver muchos programas de crímenes en la pantalla chica, comenzó a excitar su cuarta dimensión. Empezó a incubar actos de violencia en su interior y, como es natural, llegó el momento en que los llevó a la práctica.

EL LENGUAJE DE LA CUARTA DIMENSIÓN

Mi ministerio ha sido revolucionado porque descubrimos el secreto de la cuarta dimensión. Tú también puedes revolucionar toda tu vida con eso. Te asombrarán cuántas y cuán buenas cosas podemos incubar en nuestro subconsciente. Habitamos en cuerpos físicos limitados, pero el Espíritu Santo puede incubar en toda la tierra, debido a su Omnipresencia. Nosotros estamos limitados por el espacio y el tiempo, y la única manera en que podemos incubar es por medio de nuestra imaginación, a través de nuestras visiones y sueños.

Esa es la razón por la que la Palabra de Dios dice: "Donde no hay visión, el pueblo perece". Si no tienes visión, no eres creativo; y si dejas de ser creativo, entonces estás en vías de desaparecer.

Las visiones y los sueños son el lenguaje de la cuarta dimensión, por lo que el Espíritu Santo se comunica a través de ellos. Solo a través de visiones y sueños se pueden concebir grandes iglesias. Puedes visualizar un nuevo campo misionero, así como también el rápido crecimiento de tu iglesia. Puedes incubar tu futuro y obtener los resultados deseados por medio de las visualizaciones y los sueños. Permíteme apoyar lo que digo con cuatro ilustraciones bíblicas.

¿Sabes por qué Adán y Eva cayeron de la gracia? Satanás sabía que la visión de la cuarta dimensión en la mente de la persona podía generar resultados positivos. Por eso usó una táctica basada en esa premisa. Tentó a la mujer diciéndole: «Eva, ven y mira el fruto del árbol prohibido. ¿Verdad que es delicioso? Eso no es malo. ¿Por qué no te acercas y lo observas un poco?».

Eva se acercó y miró el fruto del árbol. Y no lo vio una sola vez; se detuvo a contemplarlo. La Biblia dice en Génesis capítulo 3, versículo 6: «La mujer vio que el fruto del árbol era bueno para comer, y que tenía buen aspecto y era deseable para adquirir sabiduría, así que tomó de su fruto y comió. Luego le dio a su esposo, y también él comió». Antes que ella comiera, vio el árbol, y vio también el fruto en su imaginación. Jugó con la idea de comer del fruto y la llevó a su cuarta dimensión.

En la cuarta dimensión se crea tanto lo bueno como lo malo. Eva reprodujo la escena del árbol y el fruto en lo profundo de su imaginación. Viendo el fruto claramente, imaginó que ella podía ser tan sabia como Dios. Entonces se sintió como embriagada y atraída por el árbol; el próximo paso fue agarrar el fruto, comerlo y darle también a su marido. Con esa acción, cayó en pecado.

Si el mirar con atención no es importante, ¿por qué el ángel de Dios impuso a la mujer de Lot un juicio tan severo? En Génesis 19:17 dice la Biblia: «Cuando ya los habían sacado de la ciudad, uno de los ángeles le dijo: ¡Escápate! No mires hacia atrás, ni te detengas en ninguna parte del valle». Era una orden muy simple: No mires hacia atrás. Sin embargo cuando uno lee Génesis 19:26, ve que la mujer volteó, miró atrás y quedó convertida en estatua de sal. Recibió un terrible castigo porque miró atrás.

Puedes decir que el juicio fue demasiado severo, pero cuando se comprende esta ley del Espíritu, sabes que no lo fue. Porque cuando ella miró atrás, vio no solamente con sus ojos físicos. Cuando miró a Sodoma, esa visión se concretó en su interior y se apoderó de su imaginación. La lujuria de su vida antigua también la invadió, por lo que Dios la castigó con justo juicio.

Dios siempre ha usado este lenguaje del Espíritu Santo para cambiar muchas vidas. Observa atentamente cuando leas Génesis 13:14-15: «Después de que Lot se separó de Abram, el Señor le dijo: "Abram, levanta la vista desde el lugar donde estás, y mira hacia el norte y hacia el sur, hacia el este y hacia el oeste. Yo te daré a ti y a tu descendencia, para siempre, toda la tierra que abarca tu mirada"».

Dios no dijo: «Ah, Abraham. Yo te voy a dar toda la tierra de Canaán. Solamente tienes que pedirla». No. Dios le dijo, en términos muy específicos, que se pusiera de pie y que mirara al norte, al sur, al este y al oeste, porque él le daría esa tierra a Abraham y a sus descendientes.

Yo habría deseado que Abraham hubiera tenido un helicóptero, para que subiera a lo más alto y viera desde esas alturas toda la región del Medio Oriente. Así se habría evitado tantos problemas como los que sufre esa región hasta hoy. Pero como Abraham no tenía binoculares ni helicópteros, su visión fue bastante limitada.

Ver es poseer. Abraham vio la tierra. Entonces volvió a su tienda y a su cama, para soñar con la tierra que sería suya. El Espíritu Santo comenzó a usar ese lenguaje en su cuarta dimensión. El Espíritu Santo empezó a ejercer el dominio de todo.

Es interesante notar que Abraham engendró a su hijo Isaac cuando tenía cien años de edad y Sara noventa. Cuando Abraham era casi centenario y Sara andaba cerca de esa edad, Dios se le presentó a él y le dijo que iba a tener un hijo. Abraham estalló en carcajadas, lo que significa que no creyó lo que Dios le dijo.

También leemos que Sara se rio en su tienda. Entonces Dios preguntó: «Sara, ¿por qué te ríes?». A lo que ella replicó: «No, no me estoy riendo». Pero Dios le insistió: «No, sí te reíste».

Ambos se rieron, Abraham y Sara. Ninguno de los dos creyó. Pero Dios tenía una manera de hacerlos creer, a través de la cuarta dimensión: con el lenguaje del Espíritu Santo. Así que una noche le dijo a Abraham: «Sal fuera». En el Medio Oriente hay muy poca humedad, por lo que en la noche las estrellas brillan en todo su esplendor. Abraham salió y Dios le dijo: «Mira hacia el cielo y cuenta las estrellas, a ver si puedes» (Génesis 15:5). Abraham comenzó a contarlas.

Los científicos dicen que el ojo humano puede divisar un máximo de seis mil estrellas. De forma que podemos imaginarnos a Abraham contando las estrellas hasta perder varias veces la cuenta. Mas al fin tuvo que decir: «Padre, soy incapaz de contar todas las estrellas». Entonces el Señor le dijo: «¡Así de numerosa será tu descendencia!».

Me imagino a Abraham mudo por la emoción. Pronto las lágrimas comenzaron a correr por sus mejillas, al punto que la visión se le empañó por completo. Cuando miró hacia las estrellas pudo ver las caras de sus hijos. Y súbitamente le pareció oír que lo llamaban: «Padre Abraham». Estaba demasiado conmovido, tanto que cuando volvió a su tienda estaba temblando. No podía dormir, porque veía continuamente a las estrellas transformándose en las caras de sus hijos, y todos llamándolo: «Padre Abraham».

Esas imágenes venían a su mente una y otra vez. Llegaron a ser sus mejores sueños y visiones. Se convirtieron en parte de su propia cuarta dimensión, en el lenguaje espiritual de las visiones y sueños. Esas visiones y esos sueños ejercieron dominio sobre su cuerpo centenario, el cual se transformó —de repente— como el organismo de un muchacho de veinte años. A partir de ese momento Abraham creyó a la Palabra del Señor y alabó a Dios por sus maravillas.

¿Quién pudo haber cambiado tanto a Abraham? El Espíritu Santo, porque Dios había aplicado la ley de la cuarta dimensión, el lenguaje del Espíritu Santo. Una visión y un sueño transformaron a Abraham. No solo cambió su mente, también lo hizo su cuerpo físico. Y no solamente a él, sino también a su esposa. Ambos fueron rejuvenecidos en una manera, simplemente, maravillosa. En la Biblia leemos que tiempo más tarde el rey Abimelec quiso hacer de Sara su concubina. ¡Una mujer de noventa años, rejuvenecida por la ley y el lenguaje de la cuarta dimensión!

No somos animales comunes. Cuando Dios nos creó, lo hizo en la cuarta dimensión, en el mundo espiritual. Entonces Dios dijo: «Tendrás autoridad sobre toda la tercera dimensión».

Yo no puedo llevar a cabo el ministerio de ganar almas simplemente golpeando puertas, luchando y afanándome hasta morir. He usado la vía de la fe y la iglesia está creciendo a pasos agigantados. Y aunque ya tenemos más de 300.000 miembros registrados, cuando voy a mi oficina no tengo mucho que hacer allí, porque estoy siguiendo el camino de la fe. No me aflijo excesivamente en la carne por hacer cosas que el Espíritu hace muy fácilmente y sin mucho esfuerzo.

Sé que hasta cuando ando por el mundo ejerciendo mi ministerio en países extranjeros, puedo entrar en la cuarta dimensión del Espíritu Santo y decirle cuáles son las necesidades de nuestra iglesia en Corea. ¿Y qué crees que pasa? El Espíritu Santo se encarga de todo porque él es el que lleva la carga de la obra. Llamo por teléfono a mi esposa cada dos días y ella me dice cosas que a veces desinflan mi ego. Pienso que los miembros de la iglesia están ansiosos por mi regreso de cualquier parte del mundo en la que me encuentre, que deben estar esperando por mí, que sufren por mi ausencia en los cultos dominicales, y que los servicios decaen porque no estoy allí. Pero, entonces, ella me dice: «No te preocupes, querido, la iglesia marcha muy bien sin ti».

APLICA LA LEY DE LA CUARTA DIMENSIÓN

Si Dios usó a Abraham para que poseyera la tierra prometida a través de la cuarta dimensión y si por medio de la ley de la cuarta dimensión rejuveneció los cuerpos de ambos protagonistas con el lenguaje de las visiones, los sueños y la imaginación, entonces tú también puedes operar a través de la cuarta dimensión.

Hay una magnífica historia acerca de Jacob, en Génesis 30:31-43. Nunca me agradó la treta que usó Jacob para hacer que las ovejas parieran borregos moteados o manchados, según le conviniera.

Así que pregunté: «Señor, ¿por qué permites tal superstición en la Biblia? Es por historias como estas que los modernistas critican la Biblia y dicen que es un cuento de hadas».

Cuando leía la Biblia y llegaba a ese pasaje, lo pasaba por alto, lamentando que hubiera una parte en la Biblia en la cual yo no pudiera confiar absolutamente. Un día, cuando estaba leyendo el sagrado libro bajo la unción del Espíritu Santo, llegué otra vez hasta este pasaje. Y me dije a mí mismo: «No lo voy a leer porque es pura superstición».

Sin embargo, el Espíritu Santo me dijo: «Espera un momento. En ninguna parte de la Biblia hay algo que sea superstición. El asunto es que no entiendes lo que lees. Es más, tú lo que estás es ciego. Lo que yo estoy aplicando en este caso de las ovejas de Jacob es la ley espiritual de la creación. Observa».

Entonces tuve una tremenda revelación de la verdad, lo cual añadió una nueva dimensión a mi ministerio. Si no usas las leyes milagrosas de la fe, es inútil que esperes ver mil miembros nuevos en la iglesia cada mes. Tus esfuerzos personales, ajenos a la obra de la cuarta dimensión, no pueden producir jamás esos resultados.

El texto narra aquellos tiempos en que Jacob, cuyo nombre significaba engañador, había ido a trabajar con su tío. Llevaba veinte años trabajando como si fuera un esclavo. Su tío Labán le había cambiado el salario tantas veces que Jacob se sentía estafado. Por eso decidió engañar a su tío. Los dos se estaban engañando mutuamente. De forma que cuando Jacob llegó a los cuarenta años de edad, no tenía nada material ahorrado, pero lo que sí tenía era una pila de hijos y esposas, y un gran deseo de retornar a su hogar.

Dios sintió pena por Jacob y le mostró una porción del secreto de la cuarta dimensión. Después de recibir esa revelación de Dios, Jacob fue a hablar con su tío Labán y le dijo: «Hoy, cuando pase yo con todo tu rebaño, tú irás apartando toda oveja manchada o moteada, y todos los corderos negros, y todos los cabritos manchados o moteados. Ellos serán mi salario» (Génesis 30:32).

El tío Labán saltó emocionado. Al instante pensó: «Este tonto se está engañando a sí mismo. Las ovejas de un solo color nunca van a producir borregos con rayas, manchados o moteados. Por lo tanto, va a tener que trabajar para mí por muy poco salario».

Entonces el tío de Jacob le dijo: «Sí, sí, muy buen trato. Que sea como tú dices» (ver Génesis 30:34).

De inmediato, Labán puso aparte todo el ganado manchado, moteado y de color negro, y lo llevó lejos, a tres días de distancia del otro ganado. Jacob se quedó cuidando las ovejas de un solo color. Jacob, que no era nada tonto, se fue a la montaña y cortó ramas verdes de álamo, de almendro y de plátano, y las peló de tal manera que quedaran franjas blancas al descubierto. Luego tomó las ramas que había pelado, y las puso en todos los abrevaderos para que el rebaño las tuviera enfrente cuando se acercara a beber agua. Cuando las ovejas estaban en celo y llegaban a los abrevaderos, los machos se unían con las hembras frente a las ramas, y así tenían crías rayadas, moteadas o manchadas (Génesis 30:37).

Jacob se pasaba allí los días enteros, observando cómo se apareaban las ovejas y concebían frente a las ramas. La Biblia dice que muy pronto todas las ovejas estaban pariendo corderitos manchados y rayados.

Dios creó una visión y un sueño en la mente de Jacob. Anteriormente su subconsciente había estado lleno de pobreza, fracaso y engaño. Su lucha había sido muy dura y su recompensa muy poca. Pero Dios transformó su imaginación y su subconsciente usando todo aquello para ayudarlo a usar la creatividad y a soñar.

Jacob observó tantas veces aquella variedad de ramas y colores que su mente se saturó con la visión. Luego se dormía y soñaba con las ovejas pariendo sus crías manchadas y moteadas. En el capítulo siguiente se lee que realmente las ovejas parían solo borregos manchados y rayados. La imaginación juega un papel muy importante en la cuarta dimensión. Los animales no pueden tener imaginación como nosotros, porque ella es una obra del Espíritu.

Cuando en su imaginación y su corazón tomaron cuerpo los corderos rayados y manchados, Jacob comenzó a aprender el lenguaje del Espíritu. Tú puedes conversar con una persona si ambos usan un idioma común. Si los dos hablan distintos idiomas es imposible comunicarse.

Cuando Jacob aprendió el lenguaje del Espíritu Santo empezó a hablar con el Espíritu, por lo que el Espíritu comenzó a trabajar. El Espíritu Santo empezó a poner en acción los mecanismos necesarios para que los genes de las ovejas produjeran los borreguitos rayados y manchados. Pronto Jacob era dueño de un ganado inmenso, y uno de los hombres más ricos de Oriente.

Hay más de 8.000 promesas en la Biblia y cada una de ellas es como una rama moteada para ti. No necesitas ir a la montaña para cortar una rama de álamo, castaña o avellana. Lo que debes hacer es agarrar todas las promesas de la Biblia, de la variedad que necesites, que esperan por ti. Esas promesas, sin embargo, son un tanto diferentes, porque están rayadas y moteadas por la sangre de Jesucristo.

Muchos siglos después de Jacob, Dios levantó otro árbol rayado y moteado. Solo que esta vez el árbol estaba plantado en el Calvario. Y ese árbol no tenía cortaduras en la corteza hechas con un cuchillo como el de Jacob, sino la preciosa sangre del Hijo de Dios. Todos los hombres del mundo pueden acudir y ver ese árbol pintado y moteado, y recibir una nueva imagen, una nueva visión, por el poder del Espíritu Santo, y además ser transformados.

Permíteme que te cuente una experiencia muy personal. En una víspera de Navidad, yo estaba muy ocupado preparando un sermón. Al día siguiente por la mañana, recibí una llamada telefónica. Un hombre me llamaba desde el Hospital Nacional de Seúl.

—¿Es usted el pastor Cho?

—Sí, yo soy.

—Uno de sus miembros está a punto de morir. Ha sufrido un accidente de automóvil. Un taxi lo chocó y el chófer se ha pasado toda la mañana dando vueltas con él en el asiento del auto.

En aquel tiempo, había una ley en Corea que decía que si un taxi mataba a una persona en la calle, todo lo que tenía que pagar el chofer eran 2500 dólares y con eso quedaba completamente libre de toda obligación. Pero si la víctima no moría, y había que hospitalizarla, el chofer del taxi debía correr con todos los gastos de hospitalización y medicina, que casi siempre era mucho más. Por eso, cada vez que un taxi arrollaba a una persona, el chofer colocaba a la víctima en el asiento trasero, y empezaba a dar vueltas tras vueltas, hasta que el pobre infeliz fallecía. Así le salía todo más barato.

Ese miembro de mi iglesia, que estaba herido, había comprado ese día un hermoso sombrero, junto con otros artículos, para llevárselo de regalo a su esposa. Iba feliz, gozando anticipadamente por la alegría que le iba a proporcionar a su señora. De modo que cruzó la calle sin fijarse en la luz roja y el taxi, que venía a toda velocidad, lo atropelló. Como era tarde en la noche y nadie lo había visto, el taxista lo echó en el asiento trasero y anduvo toda la noche con él. El hombre no murió y, finalmente, un policía detuvo el taxi y llevó al herido a un hospital. El impacto le había dañado gravemente los intestinos, y su estómago estaba lleno de sangre y suciedad.

Como el doctor me conocía, me llamó por teléfono y me dijo:

—Doctor Cho, ¿podríamos operarlo de todos modos? Hablando como médico, el hombre no tiene ninguna esperanza. Ha estado sin atención médica tantas horas que ya tiene gangrena. No tenemos recursos médicos para salvarlo.

—Siga adelante doctor y opérelo —le contesté—, y una vez que termine de preparar mi sermón de Navidad, iré corriendo al hospital.

Una vez finalizado el servicio de Navidad, corrí al hospital. Allí estaba el hermano, totalmente inconsciente. El médico volvió a decirme que no le daba ninguna esperanza.

—Reverendo, no tenemos ninguna esperanza con él. Se está muriendo, no podemos hacer nada. Cuando le abrimos el abdomen tenía los intestinos cortados en tres partes, llenos de sangre y materias fecales. ¡No hay solución para este caso!

—Bueno, trataré de hacer lo mejor que puedo —repliqué.

Cuando entré a la sala el hermano estaba en un coma profundo. Me arrodillé ante su cama y dije: «Señor, dame solamente cinco minutos y voy a tratar. Permítele que salga del coma solo cinco minutos».

Seguí orando hasta que sentí que algo se movía. Abrí mis ojos y vi que el herido había abierto los suyos también.

—Ah, pastor... me estoy muriendo —me dijo.

Yo sabía que disponía de solo cinco minutos.

—No puedes decir eso —le dije—. Si empiezas a pensar que te estás muriendo, no podré ayudarte. Debes cambiar tu imaginación y tu manera de pensar. Cambia tu visión y tus sueños, porque la única manera de alcanzar dominio sobre el mundo material de la tercera dimensión es por medio de tu imaginación, tus visiones y tus sueños.

Luego de una breve pausa proseguí.

—De modo que debes oírme. Imagínate a un hombre joven que le dice adiós a la esposa. Está lleno de vida y saludable. Va a su oficina y realiza sus negocios con éxito. Toda la gente lo respeta y lo admira. Por la noche regresa a su casa y le lleva unos lindos regalos a su esposa, que lo está esperando con una rica cena servida. No bien llega a la casa, la esposa corre, lo rodea con sus brazos y le da un gran beso. Entran juntos a la casa, comparten una deliciosa comida y pasan una apacible noche en casa.

»El hombre del que estoy hablando, no es un extraño. ¡Eres tú! ¡Piensa en ese hombre! Dibuja el cuadro en tu mente. Míralo y di: ¡Ese hombre soy yo!

»No pintes un cuadro de muerte. ¡No te imagines un cadáver. Mantén en tu mente la visión de ese hombre sano y triunfador, mientras que yo voy a orar por ti. Tú solamente enfócate en la visión. Yo voy a pedir a Dios por ti. ¿Harás lo que te digo?».

—Sí, pastor —respondió el moribundo—. Voy a cambiar mis pensamientos. Voy a cambiar mis sueños. Voy a decir que yo soy ese hombre. Voy a procurar que esa visión, y ese sueño, se hagan realidad. ¡Ya lo veo! —clamó.

Mientras yo hablaba con él llegaron el cirujano y las enfermeras. Comenzaron a cuchichear y a reírse de mí. Pensaban que yo había perdido la razón y estaba diciendo insensateces. Pero yo hablaba muy en serio, porque conocía la ley de la cuarta dimensión del Espíritu, y aquel hombre herido había comenzado a hablar el lenguaje del Espíritu Santo. Lo mismo que un misionero que va a un país extraño, y aprende el idioma de ese lugar, para lograr comunicarse con los nacionales en el mismo lenguaje que ellos, sin necesidad de intérprete, así ese hombre moribundo había aprendido a hablar el lenguaje profundo del Espíritu Santo.

De rodillas ante su cama oré diciendo: «Querido Espíritu Santo, este hermano habla ahora tu lenguaje. Tiene una visión y un sueño. Entra en su cuerpo físico y toma posesión de él. ¡Yo demando que este hombre sea lleno del poder sanador de Cristo!».

De repente, aquellas enfermeras incrédulas dijeron:

—Este cuarto está demasiado caliente. ¡Aquí hace mucho calor.

Sin embargo, el clima estaba frío. No hacía calor. Era el poder del Espíritu Santo que nos estaba calentando a todos. El cirujano y las enfermeras comenzaron a sentir el fuego. Las orejas se les enrojecieron y el poder de Dios descendió con tanta fuerza que hasta tembló la cama del herido.

Para asombro y admiración de todo el personal del hospital, el hermano salió —caminando por sus propios medios— a la semana de haber sido operado. Ahora está enfrascado en su negocio de productos químicos, en el que le va muy bien. Cuando lo veo sentado en las bancas de la iglesia, los domingos por la mañana, digo: «¡Gloria a Dios! Hemos hablado el lenguaje del Espíritu Santo. Hemos creado algo. ¡Aleluya!».

Permíteme que te relate otro caso. Estaba un día en mi oficina cuando acudió a verme una señora como de unos cincuenta años. Estaba llorando.

—Pastor, ¡mi hogar está completamente destruido! —me dijo.

—Deje de llorar —le dije, intentando consolarla—, y dígame lo que le pasa.

—Usted sabe que tenemos varios hijos, pero solo una chica. Ella se ha hecho *hippie,* y se acuesta con los amigos de mi marido y con los de mis hijos, andando de motel en motel y de baile en baile. ¡Se ha convertido en la vergüenza de la familia! Es una deshonra para todos nosotros —dijo en medio de grandes sollozos—. Mi esposo no puede ir a la oficina. Mis hijos no soportan el bochorno, por lo que quieren irse del hogar. He hecho todo lo que he podido por mi parte. Incluso le he pedido al Señor que ella muera. ¡Oh, pastor Cho! ¿Qué podemos hacer? ¿Qué puedo hacer?

—Por los momentos, deje de gemir y llorar —le dije—. Ahora puedo ver de manera clara por qué el Señor no ha contestado sus oraciones. Usted solo le ha estado presentando a Dios el aspecto malo de su hija. Cuando ora por ella, siempre la ve como una prostituta, ¿no es así?

La dama se quedó mirándome fijamente.

—Bueno... sí... eso es lo que es, una perdida. ¡Una prostituta!

—Sin embargo, si quiere ver a su hija cambiada, señora —le dije—, usted es la que debe cambiar la imagen que tiene de ella. Usted debe modificar, por completo, la perspectiva que tiene de ella en su mente y elaborar un nuevo cuadro de la chica.

La mujer rechazó lo que le planteé y dijo:

—No puedo. Es una muchacha fea, sucia y ruin.

Ante tal muestra de desprecio por su propia hija, tuve que confrontarla y decirle:

—¡Deje de hablar así, por favor! Trate de formarse un nuevo concepto de su hija. Procure hacerse otra imagen mental de la chica que para usted es un árbol moteado y rayado. Arrodíllese ahora y yo me arrodillaré con usted. Vayamos al pie del monte Calvario. Levantemos allí nuestras manos. Veamos de nuevo a Jesús crucificado, muriendo en la cruz por todos los pecadores; con su cuerpo lacerado y sangrando.

»¿Por qué está Jesús colgado ahí? —proseguí diciendo—. ¡Por su hija! Coloque a su hija detrás de Jesús. Vea a su niña tras la cruz moteada y manchada. ¿Puede verla perdonada, limpia, nacida de nuevo y llena del Espíritu Santo, cambiada por completo? ¿Puede usted hacer un nuevo retrato de su hija, pero ahora a través de la sangre de Jesucristo?

—¡Oh, pastor, sí! —exclamó aquella madre—. Ahora veo todo diferente. Por medio de Jesús, a través de la cruz; ahora puedo cambiar la imagen que tengo de mi hija.

—¡Maravilloso, maravilloso! —exclamé—. Ahora voy a pintar un nuevo retrato de su hija. Y usted, mantenga ese claro, vívido y gráfico dibujo de su hija en su mente, día tras día. Entonces el Espíritu Santo la usará a usted, porque el lenguaje del Espíritu se basa en imágenes de visiones y sueños. Ahora vamos a hacer un nuevo retrato de su pequeña, la figura correcta, la imagen ideal, puesto que hemos ido por ella a la cruz del Calvario.

Así que nos arrodillamos y oramos. «¡Oh, Señor, ahora puedes ver el nuevo retrato de esta chica! Querido Espíritu Santo, fluye en esta nueva imagen, en esta nueva visión y en este nuevo sueño. Cambia, recrea, renueva. ¡Haz el milagro!».

Después de orar despedí a la señora. Cuando salió, llevaba una luminosa sonrisa en el rostro. Ya no lloró más, porque había cambiado la imagen de su hija.

Pocos meses más tarde, un domingo por la mañana, la misma dama entró radiante a mi oficina. Traía consigo a una joven muy hermosa.

—¿Quién es esta joven? —le pregunté.

—¡Es mi hija! —dijo ella sonriente.

—¿Le ha contestado Dios su oración?

A lo que ella respondió:

—¡Oh, sí, claro que me respondió!

Entonces me contó la historia. Una noche su hija estaba durmiendo con un hombre en un motel. Cuando despertó por la mañana, súbitamente se sintió sucia, miserable, vil. Sintió una profunda infelicidad en su espíritu y un profundo deseo de regresar a su casa. Sin embargo, tenía temor de lo que iban a decirle sus padres y sus hermanos. Pero de todos modos, decidió arriesgarse. «Voy a intentarlo una vez más —se dijo la chica a sí misma—. Y si me echan, bueno, este será mi último intento».

De modo que se levantó, se fue a su casa y tocó el timbre. Su madre abrió la puerta y contempló a su hija. El rostro de la joven tenía un aspecto que la hacía ver como si el sol resplandeciera en ella.

—Bienvenida a casa, hijita —dijo la madre y se lanzó a abrazarla.

La joven quedó absolutamente sobrecogida por el amor de su madre. Temblaba y lloraba. Su madre había estado orando con una nueva imagen y esa imagen de la hija perdida había cambiado. Al llegar a casa, la madre le abrió totalmente los brazos y la recibió plena de amor.

La madre comenzó a llevarla a los cultos de la iglesia por espacio de unos tres meses. La chica escuchaba con atención la predicación del evangelio. Hasta que en cierto momento, confesó su pecado, le entregó su corazón a Jesucristo y recibió el bautismo en el Espíritu Santo. Llegó a ser una persona completamente nacida de nuevo, una nueva creación en Cristo. Y más tarde, hasta encontró un esposo maravilloso.

Esa joven tiene actualmente tres niños y su hogar es una de las células de oración más avivadas de toda la iglesia. Es una evangelista apasionada. Y todo eso sucedió porque su madre cambió su perspectiva respecto a ella, modificó sus visiones y sus sueños, aplicando la ley de la cuarta dimensión.

Dios siempre está haciendo uso, a lo largo de toda la Biblia, de esta ley de la cuarta dimensión. Veamos, por ejemplo, a José. Antes de que sus hermanos lo vendieran como esclavo, Dios había grabado en su mente imágenes de la cuarta dimensión. Por medio de sueños le dio una visión clara de su destino, por lo que le puso grandes anhelos en el corazón. Por eso, y aun cuando fue vendido, llevado a Egipto y estuvo allá como esclavo, José era dueño de su propia fe. Pasado el tiempo, llegó a ser primer ministro de Egipto.

Por otro lado, veamos a Moisés. Antes que edificara el Tabernáculo fue llevado al monte Sinaí. Allí estuvo en la presencia de Dios cuarenta por días y cuarenta noches. Dios le dio instrucciones detalladas de la figura completa del Tabernáculo. Exactamente como lo vio en sueños y visiones, así lo edificó.

Dios también les dio visiones a Isaías, a Jeremías, a Ezequiel, a Daniel, todos ellos grandes siervos del Señor. Dios los llamó a la cuarta dimensión y les enseñó el lenguaje del Espíritu Santo. Ellos, en respuesta, hicieron la oración de fe.

Lo mismo pasó con el apóstol Pedro. Su nombre original era Simón, que significa «caña» o junco. Así que cuando él acudió a Jesús, llevado por Andrés, el Señor lo miró a los ojos y sonrió. «Sí, tú eres Simón, eres una caña. Tu personalidad es débil, endeble, voluble. En un momento estás enojado y al siguiente estás riéndote. Unas veces parece que estás borracho y otras te muestras sobrio e inteligente.

»En realidad, eres como un junco, una caña; pero voy a hacerte como una roca. De modo que Simón, la "caña", muere para el mundo; y Pedro, la "roca", nace lleno con una vida abundante y poderosa».

Pedro era pescador, por lo que sabía cuán valiosas eran las características de una roca firme y estable que podría servir de amarradero o fondeadero. De forma que, en su imaginación, comenzó a verse como lo que le dijo Jesús: una roca. Podía observar las turbulentas aguas del mar de Galilea cubriendo la roca con su blanca espuma, pero al siguiente momento podía verla emergiendo triunfante e invicta. Las olas vienen y van, pero la roca siempre permanece fija. Una vez tras otra, Pedro se habrá dicho a sí mismo: «¿Soy una roca, en verdad? ¿Será cierto eso? Sí, soy la roca».

Y en verdad, Pedro llegó a ser la roca firme de la iglesia primitiva. Pero antes que lo convirtiera en esa roca, Cristo lo vio en su corazón tal y como eso: una roca. El hecho de que Pedro se convirtiera en un hombre fuerte, firme y coherente, como una roca sólida, solo era cuestión de tiempo.

Por otra parte, Dios le cambió el nombre a Jacob por Israel, un apelativo mucho mejor que significa «príncipe de Dios». Jacob era un individuo que encarnaba lo que representaba su nombre —era astuto, falsificador y engañador—, pero Dios se lo cambió por uno con características de realeza. Después que se le modificó el nombre, cambió también la imagen mental que tenía de sí mismo y, con el tiempo, hasta el carácter de Jacob cambió.

Mucha gente no cristiana de todo el mundo, pertenecientes a las escuelas orientales, hindúes o budistas, está dedicada —actualmente— a la meditación trascendental. En esa disciplina se le pide al iniciado que se forme un blanco u objetivo perfectamente definido. Los *sokkakakai*, de Japón, se formulan una imagen de prosperidad, repitiendo una frase tras otra, tratando de desarrollar la cuarta dimensión espiritual humana. Y no podemos negar que esas personas están creando algo. Mientras el cristianismo, que ha estado en Japón por más de cien años, ha ganado apenas el 0.2% de la población para Cristo (1 cristiano por cada 800 paganos), los *sokkakakai* tienen millones de seguidores. Es que ellos han sabido aplicar la ley de la cuarta dimensión y hacen muchos milagros. Pero los cristianos solo se han dedicado a hablar de teología y fe.

Las personas son creadas a la imagen de Dios. Dios es un Dios de milagros. Por lo tanto, sus hijos nacen con el deseo de ver milagros realizarse. Si no los ven, no creen que su Dios es muy poderoso.

ERES RESPONSABLE

Tú eres responsable de hacer milagros para esa gente. La Biblia no pertenece a la tercera dimensión, sino a la cuarta. Toda ella tiene que ver con lo divino. En ella podemos leer acerca de Dios y encontrarlo, podemos conocer la vida que él ha preparado para nosotros. En ella podemos aprender el lenguaje del Espíritu Santo. Al leer la Biblia puedes ampliar y profundizar tus sueños y tus visiones. De modo que piensa, sueña y ve visiones orando con fe y esperando verlas concretarse. Deja que el Espíritu Santo vivifique esas Escrituras que lees e imparta visiones en los jóvenes y sueños en los ancianos.

Si careces de la habilidad y la oportunidad que tienen los siervos de Dios, al menos puedes sentarte en su silla y soñar. Eso es poderoso. Deja que el Espíritu Santo venga y te enseñe el lenguaje del Espíritu Santo, el idioma de las visiones y los sueños. Luego mantén esas visiones, cultiva esos sueños, deja que el Espíritu Santo fluya a través de ese lenguaje y entonces concrétalos; hazlos realidad.

Dios quiere darte los anhelos de tu corazón. Quiere que concretes lo que deseas. Él está listo para satisfacer eso que necesitas y anhelas ardientemente con tu corazón; por eso la Biblia dice: «Deléitate en el Señor, y él te concederá los deseos de tu corazón» (Salmos 37:4). También en Proverbios 10:24 puede leerse lo que sigue: «Lo que el justo desea, eso recibe». Si tú eres hijo de Dios, y tienes grandes deseos y aspiraciones, lo primero que debes hacer es formarte una clara visión de esas cosas en tu corazón, luego represéntala en forma gráfica en tu mente, orando de continuo. No te engañes a ti mismo hablando de expansión mental, o meditación trascendental, o yoga o *sokkakakai*. Esa gente desarrolla solo la cuarta dimensión del espíritu humano que, en todos los casos, es una cuarta dimensión maligna, no buena.

Tenemos que ponernos de pie y hacer algo más que lo que pueda hacer un mago egipcio. Hay muchos magos en los muchos Egipto de este mundo, pero nosotros debemos usar nuestros sueños y visiones para la gloria y la honra de nuestro Santo Dios. Seamos pues como Moisés, que realizó los más asombrosos milagros en el Nombre de Dios y por el poder de Dios.

Los milagros son algo común y esperados por todos, al menos en la iglesia que pastoreo. Yo puedo decir, por experiencia propia, que el hombre no es otro animal más de la creación. Tú no eres una criatura común, puesto que posees la cuarta dimensión en tu corazón y es esta cuarta dimensión la que tiene dominio sobre las otras dimensiones de la materia. Poder sobre el mundo lineal, el mundo superficial y el mundo espacial.

A través del poder de la cuarta dimensión —el reino de la fe— tú puedes darles órdenes a las circunstancias y las situaciones; impartir belleza a lo feo, orden a lo caótico, sanidad a los enfermos y consolar a los que sufren.

CAPÍTULO 3

El poder creativo de la palabra hablada

HAY CIERTOS PASOS que debemos seguir para que la fe sea debidamente incubada y, además, una verdad central en el reino de la fe que debemos conocer. Y también hay un principio básico acerca de la palabra hablada que debemos comprender. De modo que deseo hablarles acerca del poder creativo de la palabra hablada y la razón por la cual es tan importante saber usarla bien.

Una mañana me estaba desayunando con uno de los neurocirujanos más famosos de Corea que me estaba hablando acerca de los últimos descubrimientos hechos en las cirugías de cerebro. En cierto momento de su plática me dijo:

—Doctor Cho, ¿sabía usted que el centro cerebral que controla el lenguaje, tiene poder y dominio sobre todos los demás centros cerebrales? Ustedes los predicadores realmente tienen poder, ya que según nuestros recientes descubrimientos en neurología, el centro del habla —en el cerebro— tiene dominio absoluto sobre todo el resto de los nervios.

Yo me reí y le respondí:

—Yo sé eso desde hace mucho tiempo atrás.

—¿Que usted sabía eso hace tanto tiempo? —me preguntó extrañado—. ¡Pero si eso es uno de los hallazgos más recientes de la neurocirugía!

Le dije que yo había aprendido eso con el doctor Santiago.

—¿Quién es ese doctor Santiago? —me preguntó aun más admirado.

—Fue uno de los doctores más famosos en los tiempos bíblicos, más de dos mil años atrás. En el capítulo tercero de su libro, en los primeros versículos del capítulo, el doctor Santiago define claramente la actividad y la importancia de la lengua y el centro del habla.

Mi amigo estaba realmente asombrado.

—¿Enseña eso la Biblia? —me preguntó.

—Sí —le contesté—. La lengua es un miembro muy pequeño, pero se jacta de hacer grandes cosas... la lengua es uno de nuestros órganos, contamina todo el cuerpo y, encendida por el infierno, prende a su vez fuego a todo el curso de la vida» (Santiago 3:5-6).

Entonces ese inteligente médico comenzó a exponerme sus conocimientos. Me dijo que el centro del habla y el nervio que controla el lenguaje tienen un poder enorme sobre todo el cuerpo; tanto que una persona, simplemente hablando, puede controlar todo su cuerpo y manipularlo de la manera que desee.

—Por ejemplo —me dijo—, si alguien afirma: «Me voy a debilitar», todos los nervios de su cuerpo reciben el mensaje y, entonces, todos dicen a una voz: «¡Oh, prepárense para debilitarse! Porque hemos recibido órdenes de la oficina central de que nos debilitemos». Acto seguido, por secuencia natural, todos ajustan su condición física a una de verdadera debilidad.

»Si alguien afirma —prosiguió—: "Bueno, yo no tengo ninguna habilidad, no puedo hacer este trabajo", todos los nervios del cuerpo comienzan a decir lo mismo. "Sí —dicen todos en coro—, hemos recibido instrucciones del sistema nervioso central en cuanto a que no manifestemos ninguna habilidad, que no desarrollemos talento o destreza alguna. Debemos prepararnos para ser parte de una persona perfectamente inútil".

»Si alguien se pasa el tiempo diciendo algo como: "Me estoy poniendo viejo. Me siento muy cansado y no puedo hacer nada", entonces el centro del habla entra en función y da órdenes a tal efecto. Los nervios responden: "Sí, es cierto. Todos nos estamos poniendo viejos. Estamos preparados para ir a la tumba. Listos para desintegrarnos". Si una persona insiste en decir que ya está vieja, pronto se convertirá en un cadáver.

El neurocirujano continuó diciendo:

—El hombre nunca debería jubilarse. Una vez que un individuo se jubila, sigue repitiéndose a sí mismo: «Estoy jubilado», y todos los nervios comienzan a responder y se vuelven menos activos y listos para una muerte rápida.

UNA VIDA EXITOSA

Esa conversación fue muy significativa para mí, hizo un gran impacto en mi vida. Porque podía darme cuenta de que el uso apropiado del lenguaje es la clave del éxito para la persona.

La gente siempre está muy dispuesta a hablar en términos negativos. «Muchacho, estoy realmente pobre. No tengo ni cinco centavos que darle al Señor». Y cuando tienen la oportunidad de conseguir un buen trabajo con un buen salario, entonces el sistema nervioso responde: «No soy capaz de hacerme rico porque todavía no he recibido ninguna instrucción en ese sentido de mi sistema nervioso central. Se supone que tengo que ser siempre pobre. Así que, no voy a tomar ese nuevo trabajo que me ofrecen. No soy capaz de hacer dinero». Las cosas semejantes se atraen unas a otras y, dado que actúas como una persona pobre, atraes pobreza. Esta condición, si continúa, te mantendrá permanentemente pobre.

Tal como lo dijo la Biblia dos mil años, ocurre hoy. La ciencia médica descubrió este principio hace poco. Ese neurocirujano dijo que la gente, si quisiera, debería mantenerse diciendo: «Soy joven, soy capaz. Puedo hacer el trabajo que haría cualquier joven, no importa los años que tenga ahora». Los nervios de una persona así recobrarán la vitalidad pronto y recibirán tanto ánimo como fuerza del sistema nervioso central.

La Biblia dice claramente que cualquiera que sabe controlar su lengua, puede controlar todo su cuerpo. Si te empeñas en decir que eres un pobre diablo, entonces todo tu sistema nervioso se predispone a mantenerte en la pobreza. Pero si te dices a ti mismo que eres capaz de hacer de todo, y que tendrás éxito en todo lo que emprendas, entonces tu sistema te prepara para triunfar en la vida. Estarás listo para hacer frente a cualquier desafío y para triunfar también. Por esa razón no deberías hablar nunca en forma negativa.

En Corea tenemos la costumbre de mencionar a cada rato la palabra «muerte». Las expresiones más comunes son: «¡Uf, hace un calor que mata!», o «¡He comido tanto que me estoy muriendo!», o si no «¡Casi me muero del susto!». Los coreanos usan tales expresiones negativas repetidas veces. Esa es la razón por la cual hemos estado en continuas guerras y muriendo a todo lo largo de los cinco mil años de nuestra historia. Mi generación nunca ha visto la paz total en mi país. Yo nací durante la Segunda Guerra

Mundial, crecí bajo la Guerra de Corea y ahora vivo en un país al borde de la guerra.

Antes que puedas cambiar, tienes que modificar tu lenguaje. Si no lo haces previamente, no puedes cambiarte a ti mismo. Si quieres que tus hijos cambien, tienes que enseñarles a hablar el lenguaje apropiado. Si quieres ver a los jóvenes rebeldes e irresponsables transformarse en adultos justos y responsables, tienes que enseñarles a hablar un nuevo lenguaje.

¿Cómo podemos aprender un nuevo lenguaje? Podemos aprender el mejor lenguaje de todos en la ¡Santa Biblia! Léela desde Génesis hasta Apocalipsis. Adquiere el lenguaje de la Biblia, habla la palabra de fe. Sustenta tu sistema nervioso con un lenguaje creativo, constructivo, edificante, progresivo y victorioso. Habla con las palabras de la Biblia, repítelas, destácalas constantemente, hasta que tomen posesión de tu mente y de tu cuerpo. Entonces serás una persona realmente triunfante, porque estarás en condiciones de hacer frente a todas las circunstancias —y a todo tu medio ambiente— con una actitud de fe. Solo así tendrás éxito. La primera razón importante para usar la palabra hablada es: crear poder para tener una vida próspera y triunfal.

PARA LOS PROPÓSITOS DE DIOS

Hay una segunda razón por la cual necesitamos usar el poder creativo de la palabra hablada. No solamente puede ayudarnos a tener éxito en nuestra vida personal, sino que el Espíritu necesita usarnos a nosotros para dar cumplimiento a los propósitos de Dios.

Cuando comencé mis primeros años como ministro del evangelio, sentía la lucha que eso implicaba. Sobre todo, cuando tenía que predicar, sentía oposición y animosidad en mi espíritu. Entonces el Espíritu de Dios tomó mi espíritu y sentí una sensación como si estuviera viendo televisión. Podía ver —como si fuera una pantalla en mi mente— abultamientos cancerosos desapareciendo, pulmones afectados por la tuberculosis sanando, paralíticos que arrojaban súbitamente sus muletas y salían corriendo.

Corea está a tanta distancia de Estados Unidos que, en aquellos tiempos, no se oía mucho acerca de campañas de sanidades. Los pocos misioneros estadounidenses que me rodeaban, conocían muy poco del ministerio de la sanidad. Cuando les preguntaba algo al respecto, me dejaban más confuso.

Llegué a la conclusión que eso era un tropiezo creado por Satanás. Cada vez que me ocurría eso, decía: «Espíritu de tropiezo e impedimento, ¡sal de mí! Te ordeno que te vayas. ¡Fuera de mí!».

Y cuanto más ordenaba a ese espíritu maligno que se alejara de mí, más clara se me hacía la visión de las personas siendo sanadas. Mis ansias eran tantas que casi no podía predicar. Las visiones aparecían constantemente delante de mí. Así que hice de todo ese asunto un problema de ayuno y oración. Por lo que me quedé esperando delante del Señor.

Entonces oí al Señor, en mi corazón, que me decía: «Hijo, esta no es una perturbación de Satanás. Es un deseo visual del Espíritu Santo. Es la palabra de sabiduría y conocimiento. Dios quiere sanar a toda esa gente, pero no lo va a hacer antes que tú hables».

«No —repliqué—. Yo no creo en eso. Dios puede hacer cualquier cosa sin necesidad de que yo diga una palabra».

Más tarde, leyendo la Biblia, en el primer capítulo de Génesis, encontré los siguientes versículos: «La tierra era un caos total, las tinieblas cubrían el abismo, y el Espíritu de Dios se movía sobre la superficie de las aguas» (Génesis 1:2). Pero nada sucedía. Entonces el Señor me reveló una verdad importante. «Ahí estaba —me dijo— el Espíritu Santo incubando sobre las aguas. Pero, ¿sucedió algo especial en ese tiempo?».

«No —dije yo—, nada sucedió».

Entonces el Señor siguió hablando: «Tú puedes sentir la presencia del Espíritu Santo en tu iglesia, una palpitante y penetrante presencia del Espíritu Santo, pero nada sucederá. Ningún alma será salvada. Ningún hogar deshecho será restaurado hasta que hables la palabra. No sigas rogando ni mendigando que suceda algo. Dame la palabra. Dame el recurso con el que yo pueda hacer algo, con el que pueda hacer milagros. Como lo hice al crear el mundo, di: «Que exista la luz», «Que exista el firmamento».

Comprender esta verdad marcó un punto culminante en mi vida. Inmediatamente le pedí perdón a Dios. «Señor, lo siento. Oh, Dios, desde ahora en adelante, voy a decir la palabra».

Sin embargo, todavía sentía algo de temor, porque nadie me había enseñado nada acerca de esos versículos, ignoraba mucho de ese asunto. Temía que nada sucediera cuando pronunciara la palabra. ¿Qué diría la gente de mí? Así que volví a hablar con Dios y le dije: «Señor, ya que todo esto me asusta un poco, no voy a empezar a decir la palabra de sanidad a los paralíticos y enfermos graves que he visto en visión. Voy a comenzar con aquellos que solo tienen un dolorcito de cabeza».

Un tiempo después, cuando volví a predicar, otra vez tuve visiones de sanidades que brotaban de mi espíritu. Pero cuando los ojos de mi mente me hacían ver aquellos paralíticos caminando o aquellos tumores cancerosos desapareciendo, trataba de ignorarlos o evadir lo que me acontecía. Podía, sí, decir con toda confianza: «Si alguien tiene dolor de cabeza, que sea sanado». E instantáneamente la persona se sanaba. Y yo me asombraba al ver cómo sucedían esas cosas solo con mencionar la palabra.

Poco a poco fui armándome de valor. Comencé a hablar de casos de sinusitis, que habían sido curados. Luego de sordos que habían recuperado la audición. Y finalmente, hablé de las sanidades que había visto en mis visiones. Ahora en mi iglesia, cada domingo, cientos de personas reciben sanidad por ese mismo medio. Debido a que el tiempo es muy limitado, y tenemos muchos servicios, debo actuar rápidamente. Cuando estoy de pie, el Señor me muestra las sanidades que se van a efectuar y yo puedo pronunciar la palabra para que esas sanidades se materialicen. Simplemente, cierro mis ojos y hablo. Como testimonio del hecho de que han sido sanados, la gente se pone de pie. Se paran cuando la enfermedad específica que los ha aquejado ha salido de ellos. Casi toda la gente que viene al culto en esta parte del servicio, testifica de haber sido sanada.

Así fue como aprendí un secreto; antes que pronuncies la palabra, el Espíritu Santo carece del material adecuado con el cual crear. Si el Espíritu Santo imparte fe a tu corazón para mover una montaña, no mendigues suplicando que la montaña sea movida. Al contrario, ordena la palabra con autoridad y dile: «¡Desarráigate y plántate en el mar!». Y ella te obedecerá. Si aprendes esto y adoptas la costumbre de hablar bajo la unción del Espíritu Santo, con la fe que Dios te da, comenzarás a ver muchos milagros en tu vida.

Tener que ministrar ante un auditorio de doscientas mil personas no es algo fácil. En nuestra iglesia tenemos un servicio telefónico que trabaja las veinticuatro horas del día. Varios asistentes atienden los llamados y dan consejos e instrucciones. Yo procuro que el número de mi casa no figure en la guía de teléfonos. Pero siempre la gente termina por descubrirlo y el aparato empieza a sonar desde muy temprano, al atardecer, hasta casi el amanecer.

Hay veces que estoy descansando cómodamente en mi cama y entonces suena el teléfono a las diez de la noche. «Pastor —dice una voz—, mi nieto tiene mucha fiebre. Por favor, ore por él» y yo oro.

A las once suena otra vez el auricular y alguien dice: «Mi esposo no ha regresado del trabajo, pastor. Por favor, ore por él». Y yo oro.

A las doce de la noche vuelve a timbrar el receptor y una mujer llorando me dice: «Mi esposo vino y me golpeó. ¡Oh, esto es terrible, ya no deseo vivir!». Entonces, tengo que orar por ella y aconsejarla.

A la una de la mañana recibo un llamado de un hombre que está borracho y me dice: «Mi esposa asiste a su iglesia. ¿Qué le enseña usted para que se porte mal conmigo?». Entonces le doy una explicación completa.

En la madrugada hacen un llamado desde un hospital. «Pastor, hay una persona que está agonizando. ¿Podría venir usted y orar por ella? Su último deseo antes de morir es verlo a usted». De modo que arrojo las cobijas a un lado y me arreglo para ir corriendo al hospital.

Suena tantas veces el teléfono que por momentos me hastío y exclamo: «¡No puedo continuar en esta forma!». Así que descuelgo el auricular y me voy a la cama.

Eso no termina ahí, entonces el Espíritu Santo me habla al corazón. «¿Estás siendo un buen pastor? Un buen pastor no abandona nunca a sus ovejas». De modo que me arrepiento y vuelvo a colocar el auricular en su lugar. Sin embargo, tengo una ventaja: cuando salgo a predicar fuera de Corea, duermo las noches completas.

Una noche, cuando era invierno y hacía mucho frío, y yo estaba cómodamente acostado y a punto de dormirme, sonó el teléfono. Un hombre que ya conocía, me llamó para preguntarme:

—Pastor, ¿me conoce usted?

—Por supuesto que sí —le respondí—. Yo te casé con tu esposa.

—Bien. En estos dos años pasados he tratado de llevarme bien con mi esposa, con toda mi alma. Pero parece que la cosa no anda muy bien —me dijo—. Esta noche hemos tenido una gran discusión, por lo que decidimos divorciarnos. Hemos dividido todas nuestras pertenencias y estamos listos para separarnos, pero solo falta una cosa. Hemos decidido, de común acuerdo, invitarlo a usted para que venga y nos dé su bendición. Usted nos casó con su bendición, por lo que ahora queremos divorciarnos con su bendición también.

¡Qué proposición más extraña para un pastor! Casar a dos contrayentes con su bendición y, al tiempo, divorciarlos con otra bendición.

—¿Pueden esperar hasta mañana? —le dije—. Hace mucho frío y ya estoy en cama. ¿Debo ir ya?

—Pastor —insistió él—, mañana puede ser demasiado tarde. Nos estamos separando ya mismo. No queremos que usted nos predique. Es demasiado tarde para eso. Ya no hay solución para esto. Solamente venga y denos su bendición, para que podamos divorciarnos felizmente.

Salté de la cama y me fui a la sala. Estaba furioso con Satanás. «Esto no puede ser obra del Espíritu Santo —me dije—. ¡Tiene que ser obra de Satanás!».

Me puse a orar y entré inmediatamente en la cuarta dimensión. Como las visiones y los sueños son el lenguaje del Espíritu Santo en la cuarta dimensión, yo podía incubar en la tercera dimensión y corregir la situación. Así que me arrodillé, cerré los ojos y, a través de la cruz de nuestro Señor Jesucristo —con la ayuda del Espíritu Santo—, comencé a ver ese matrimonio solucionando sus problemas y juntos de nuevo. Todo lo vi claramente en visión y, entonces, simplemente oré: «¡Oh, Señor, hazlo tal y como me lo has mostrado!».

Mientras oraba tuve un toque de fe, y en el nombre de Jesús cambié la situación en la cuarta dimensión. La cuarta dimensión, y su estupendo poder positivo, eran míos. Así que, con toda confianza, me encaminé al apartamento de la pareja.

Ellos vivían en un lujoso apartamento. Era una casa llena de todo el confort moderno imaginable, pero al entrar sentí un frío mortal. Era el odio que existía entre marido y mujer. Uno puede tener todos los bienes materiales que da el dinero en este mundo pero, si hay odio en la familia, esas riquezas materiales no son ninguna bendición.

Cuando entré, el hombre estaba sentado en la sala y la esposa en el dormitorio. No bien llegué, el hombre empezó a hablar precipitadamente. No tenía más que murmuraciones para la esposa. Entonces esta salió del cuarto como una tromba. «¡No lo escuche a él, pastor! ¡Escúcheme a mí!», dijo la mujer desesperada.

Enseguida, ella también, se puso a hablar mal de su marido.

Yo escuchaba al esposo y me parecía que tenía razón. Escuchaba a la esposa y me parecía que la razón era de ella. Cada uno parecía tener razón cuando hablaba. Yo estaba en el medio, entre los dos.

Ambos coincidían en una sola cosa. Su matrimonio estaba definitivamente roto y no había arreglo posible. —No ore por nosotros —me decían los dos a la vez—. Solo ore por nuestro divorcio.

No obstante, yo ya había dominado la situación en la tercera dimensión al usar el poder de la cuarta dimensión, dentro de mi propio corazón. Me sentía lleno de confianza, de modo que agarré la mano del esposo y luego la de la esposa y dije:

—En el nombre de Jesucristo, ordeno que sean rotas las tenazas de odio de esta pareja. Y en este momento, en el poderoso nombre de Jesucristo, mando que los dos se unan de nuevo. Que vuelvan a ser tiernos, amorosos, cariñosos y que se regocijen el uno en el otro.

Al momento sentí una cálida gota que cayó en mi mano y cuando vi al hombre estaba llorando. Sus lágrimas rodaban por sus mejillas.

—¡Gracias, Señor, esto va bien! —dije para mis adentros.

Cuando miré a la esposa vi que estaba llorando también. En un gesto simple, como lo había hecho dos años atrás, uní sus manos y dije:

—Lo que Dios ha unido, ningún hombre ni ninguna circunstancia lo separe.

Enseguida les dije:

—Me voy.

Los dos me acompañaron hasta la puerta y allí me dijeron:

—Adiós, pastor.

—¡Alabado sea el Señor! —exclamé—. ¡Esto está funcionando!

Al domingo siguiente los dos estaban en el coro de la iglesia, cantando maravillosamente. Después del servicio estreché sus manos y le pregunté a la esposa:

—¿Qué fue lo que pasó?

—Bueno, no sabemos —me respondió—. Pero cuando usted nos dijo esas palabras, y nos dio esa orden tan terminante, algo pareció romperse en nuestros corazones. Parecía como si una gran pared hubiera sido derribada y los dos quedamos profundamente conmovidos. Nos dimos cuenta de que podíamos probar otra vez, los dos al mismo tiempo. Después que usted se fue, pasamos el resto de la noche desempacando nuestras cosas. Reflexionamos en por qué discutíamos tanto y por qué estábamos pensando en divorciarnos. ¡Ahora nos amamos uno al otro mucho más que antes!

El Espíritu Santo tiene necesidad de ambas cosas, de tu palabra y de la mía. Si yo simplemente les hubiera dado consejos como cualquier consejero matrimonial o, incluso, hubiera orado silenciosamente por su situación, no habría conseguido nada, hubiera errado el blanco. Pero pronuncié la palabra, la palabra de fe, y la solución se concretó. El Espíritu Santo necesita de tu palabra, una palabra bien definida, de visión y fe.

Jesús usaba la palabra hablada para crear, para transformar y para cambiar situaciones. Lamentablemente, la iglesia de Jesús parece haberse convertido en una perpetua mendiga. Siempre plañendo y mendigando, con temor de hablar la palabra de fe, temerosa de dar órdenes. Necesitamos recuperar el arte perdido de pronunciar la palabra de mando.

PARA DESATAR
LA PRESENCIA DE CRISTO

Hay una tercera razón para usar el poder de la palabra hablada. Por medio de ella puedes invocar, o desatar, la presencia de Jesucristo. En Romanos 10:10 puedes leer: «Con el corazón se cree para ser justificado, pero con la boca se confiesa para ser salvo». Es por medio de la confesión de fe (confesión verbalizada en palabras claras) que el individuo puede apropiarse de la salvación que solo viene por Jesucristo.

No se dice en este pasaje que es necesario que alguien suba a los cielos para traer abajo a Jesucristo a fin de que otorgue salvación. Lo que dice es que las palabras que expresas pueden traer salvación. Porque esas palabras están en tu corazón y en tu boca.

¿Dónde está Jesús en todo este proceso? ¿Cuál es su dirección? No está arriba en el cielo. No está abajo en la tierra. Jesús está en su Palabra.

¿Dónde están las palabras que pueden resultar en tu salvación? Esas palabras están en tu boca y en tu corazón. Jesús está limitado a lo que tú hablas. De la misma manera que puedes invocar la presencia de Jesús, también puedes desatar el poder de Jesús por la palabra hablada. Si no verbalizas claramente la palabra de fe, la presencia y el poder de Jesús nunca pueden ser hechos eficaces. La Biblia dice: «Les aseguro que todo lo que ustedes aten en la tierra quedará atado en el cielo, y todo lo que desaten en la tierra quedará desatado en el cielo» (Mateo 18:18). Tú tienes la responsabilidad de llevar y traer la presencia de Jesús.

Cuando me reúno con más de doscientos pastores auxiliares, les extiendo un mandamiento estricto: «Es responsabilidad de ustedes crear la presencia de Jesús dondequiera que vayan. Darle libertad de acción a Cristo, para que se encargue de las necesidades específicas de la gente, es lo que ustedes deben hacer».

Permíteme que te muestre varios ejemplos.

En nuestro vecindario hay varias iglesias que pertenecen a diversas denominaciones. En una iglesia presbiteriana, en particular, el pastor habla solamente de la experiencia del nuevo nacimiento. Solo predica y enseña acerca de la experiencia de la salvación. De modo que cuando habla le da libertad a Jesús para que produzca en la gente el nuevo nacimiento. La gente acude a su iglesia, recibe la salvación y se queda contenta disfrutando solamente de eso.

La Iglesia de Santidad, que está una cuadra más allá, habla acerca de la experiencia de la santificación. «Sed santos, sed santos» repiten constantemente. Mucha gente acude a ellos y recibe el toque de la santificación. El pastor de esa iglesia, solo crea la presencia de Cristo santificador.

Sin embargo, en nuestra iglesia yo predico acerca del Jesús que salva, que santifica, que bautiza con el Espíritu Santo y que sana a los enfermos. En nuestra congregación presentamos todos esos aspectos. Procuramos crear la presencia completa, la presencia del Señor que todo lo puede, todo lo hace y todo lo abarca.

TU FUNCIÓN

Puedes crear la presencia de Cristo solamente con tu boca. Si hablas acerca de salvación, aparece la figura del Cristo que salva. Si hablas acerca de la sanidad divina, aparece Cristo el sanador. Si hablas del Señor que obra milagros, entonces liberas la presencia del Señor que opera milagros. El Señor todopoderoso es limitado por tus labios y tus palabras. Él depende enteramente de ti cuando estás predicando, de modo que si no hablas claramente de él por miedo a Satanás, ¿cómo puede Jesús manifestar su poder en medio de su generación? Por tanto, habla osada e intrépidamente siempre.

Muchas personas tienen problemas con sus familias porque en sus hogares no hay un altar familiar. Si el padre mantiene el altar familiar, y habla claramente acerca de la presencia de Jesucristo en el hogar y la familia, puede crear la presencia de Jesús; por lo que Jesús puede encargarse de todos los problemas de ese núcleo familiar. Pero como muchos desatienden el altar familiar, descuidan hablar claramente de la presencia de Jesús, por lo que sus hijos carecen entonces de la completa bendición de Dios.

Tú no necesitas esperar hasta recibir un don especial del Espíritu. Yo siempre digo que los dones espirituales residen en el Espíritu Santo. Tú, por ti mismo, no puedes ser poseedor de un don espiritual.

Supongamos que yo tengo el don de sanidad. Entonces, indiscriminadamente, podría sanar a cualquiera que acudiera a mí pidiendo que lo sane. Si yo tengo el don, puedo sanar a quien quiera. No estaría discerniendo clara ni justamente. Es el Espíritu Santo el que ve las necesidades específicamente, y entonces permite la manifestación de un don que fluya a través de alguien para suplir esa necesidad.

Es importante recordar que todos los dones residen en el Espíritu Santo, porque es este el que habita en la iglesia. Y mora dentro de ti. Por medio de él puedes tener cualquier tipo de ministerio: de enseñanza, de evangelización, de misiones, pastoral y ministerio de sanidad divina. Por medio de ti como canal, el Espíritu se manifiesta a sí mismo. Por eso, no debes preocuparte por recibir este o aquel don especial.

Sé osado. Recibe el don de la audacia y la intrepidez; luego habla la Palabra de Dios. Háblala con firmeza, con claridad e invoca y crea la presencia específica de Jesús. Libera esa presencia específica en medio de la congregación y verás resultados también específicos. Un padre puede crear la presencia de Jesús en su hogar, y Jesús encargarse de todos los problemas de la familia. Así procedo yo, cuando llego a la iglesia para predicar el mensaje. Siembro la semilla específica, para tener grandes resultados.

Veo una gran falla en los cultos que se realizan en Estados Unidos. Los pastores predican sermones fantásticos, verdaderas piezas de oratoria. Pero no bien terminan el sermón, despiden a la congregación y todos se van. No le dan tiempo a los oyentes para que se lleven el fruto de los mensajes que han oído. Reciben todas las palabras habladas del mensaje, pero no tienen tiempo para orar, para que esa palabra implantada llegue a ser parte de sus vidas.

Los cultos son demasiado breves (una hora por regla general), y la congregación es despedida demasiado pronto. Dele tiempo a su congregación. Acorte los preliminares y los números especiales. Exponga la Palabra, y conceda tiempo a los fieles para que oren un rato más largo, todos juntos. Deles tiempo para que digieran la palabra consumida. Si hace esto, verá más y mejores resultados en su labor pastoral.

No olvide que, después de todo, sus palabras moldean su vida. Porque el centro nervioso del habla controla todos los demás centros. Por eso es que el hablar en otras lenguas es el signo inicial del bautismo en el Espíritu Santo. Cuando el Espíritu se apodera del sistema central de la palabra, ejerce control de todos los otros nervios del cuerpo, y controla todo el organismo. Cuando hablamos en otras lenguas, es porque estamos llenos del Espíritu Santo.

Habla la palabra para controlar y sujetar totalmente tu cuerpo y tu vida. Concédele la palabra al Espíritu Santo, para que él cree algo. Así que libera la presencia del Señor Jesús por medio de la palabra hablada.

Predica la Palabra. La palabra hablada tiene todo poder; de forma que cuando sueltas esa palabra, es esta y no tú quien opera los milagros.

Dios no te usa con poder porque estés santificado, ya que mientras dure tu vida terrenal, durará tu lucha con la carne. Dios te usa con poder porque tienes fe. Así que, hermanos y hermanas, usemos la palabra hablada para triunfar en nuestra vida personal; para cosas que el Espíritu

Santo pueda crear, y para el propósito de crear y dar libertad de acción a la presencia de Jesús.

Recuerda que Cristo depende de ti, y de tu palabra hablada, para manifestar su presencia. ¿Qué vas a hacer con ese Jesús que está a punto de manifestarse en tu habla? ¿Lo vas a soltar, para que sea de bendición a otros? ¿O le vas a poner candado por medio de una lengua que no se mueva y una boca que no se abre?

Que Dios te bendiga mientras tomas tu decisión.

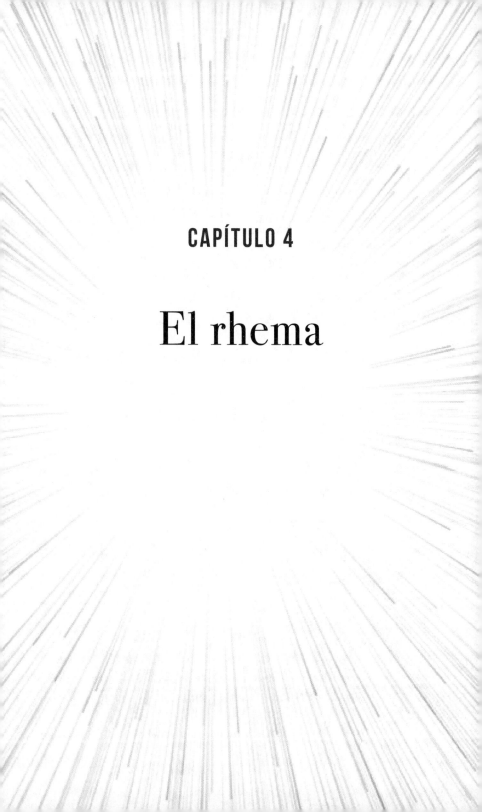

CAPÍTULO 4

El rhema

L A PALABRA HABLADA tiene una creatividad asombrosa, por lo que su uso apropiado es vital para la vida cristiana victoriosa. Sin embargo, esta palabra hablada debe basarse en una forma correcta para ser realmente eficaz. El principio para descubrir este fundamento adecuado es una de las porciones más importantes de la Palabra de Dios. Es acerca de este tema que quiero tratar ahora con ustedes.

LA FE EN LA PALABRA DE DIOS: PROBLEMAS Y PRODUCTIVIDAD

Cierto día trajeron a mi oficina a una señora que venía paralizada de la cabeza a los pies. No podía siquiera mover los dedos. Cuando la vi tendida en la camilla, comencé a sentir una sensación extraña. Sentía algo en mi corazón, como supongo habrá sentido aquel hombre que estaba en el estanque de Betesda. Era una sensación como que algo iba a suceder.

Cuando me paré al lado de la mujer y la miré a los ojos, me di cuenta de que ella tenía fe para ser sanada. No una fe muerta, sino una realmente viva. La toqué en la frente con la mano y le dije: «Hermana, en el nombre del Señor Jesús, sé sana de tu enfermedad».

El poder de Dios descendió instantáneamente y, de inmediato, fue sanada. Se incorporó de la camilla asombrada, temerosa y emocionada.

Algunos días más tarde acudió a mi casa para darme un regalo. Después de entrar a mi estudio me preguntó:

—¿Puedo cerrar la puerta, por favor?

—Sí —repliqué—. Ciérrela.

Entonces ella se arrodilló delante de mí, maravillada todavía por haber sido sanada, y dijo:

—Señor, por favor, revélate a mí. ¿Eres tú la segunda encarnación de Jesús?

Yo me reí.

—Querida hermana —le dije—, usted debe saber que yo ingiero tres comidas diarias, tengo que ir al baño y duermo todas las noches. Soy tan humano como usted y la única manera que tengo yo de ser salvo es por medio del Señor Jesús.

La sanidad de esa mujer había sido tan notable, que la noticia se extendió por todas partes. Poco después una mujer muy rica llegó a la iglesia. A ella también la traían en una camilla. Había sido cristiana ya por largo tiempo y diaconisa de la iglesia. Había aprendido de memoria una escritura tras otra respecto a la sanidad divina. «Yo soy Jehová, tu sanador» (Éxodo 15:27 RVR1960). «Gracias a sus heridas fuimos sanados» (Isaías 53:5). «Él cargó con nuestras enfermedades y soportó nuestros dolores» (Mateo 8:17). «Estas señales acompañarán a los que crean... pondrán las manos sobre los enfermos, y estos recobrarán la salud» (Marcos 16:17-18).

Con tanta base bíblica, oré por ella con todas mis fuerzas, pero no pasó nada. Entonces grité, repitiendo las mismas palabras, la misma oración reclamando sanidad. Usé algunos versículos de la Palabra de Dios y hasta di saltos, pero nada sucedió. Le dije que, por fe, tratara de ponerse en pie. Lo hacía mientras yo la sostenía con mi mano, pero apenas la soltaba, la pobre caía como un tronco. Así que volví a decirle:

—Tenga fe y póngase de pie.

Otra vez se puso de pie y volvió a caer como un tronco. Me dijo que ella tenía toda la fe del mundo, pero que esa fe no daba resultados. Me quedé realmente absorto y ella empezó a llorar.

—Pastor —me dijo—, usted está prejuiciado conmigo. Usted ama a esa otra señora más que a mí, por eso la sanó a ella y a mí no. Usted no me ama, por eso seguiré enferma. Usted está prejuiciado.

—Hermana —repliqué— yo he hecho de todo, usted lo ha visto. He orado, he gritado, he saltado, he llorado. He hecho todo lo que un buen predicador pentecostal puede hacer, pero nada ha sucedido. ¡No puedo comprenderlo!

Ese incómodo asunto —de que algunos se sanen con una sola oración y otros no sanen nunca— no se limitó a ese solo caso en la iglesia. Por nuestra congregación han pasado famosos evangelistas reconocidos mundialmente diciendo: «¡Todos ustedes serán sanados. Cada uno de ustedes será curado!». Luego declaran la palabra de fe y muchos reciben sanidad.

Después esos evangelistas se van, se llevan toda la gloria, y me dejan a mí lidiando con todos los enfermos que no fueron sanados. Los pobres acuden a mí descorazonados, hundidos, desesperados y quejándose. «Nosotros no fuimos sanados. Dios nos ha abandonado. Se ha olvidado de nosotros. ¿Por qué tenemos que seguir sufriendo y luchando, y venir aquí a ver si tenemos fe en Jesús?».

Yo me aflijo, oro y lloro. «¿Por qué, Padre? ¿Por qué tiene que ser así? Por favor, Señor, dame una respuesta, una que sea muy clara y comprensible». Y él me la dio. Por eso voy a decirles en qué consistió esa respuesta. Y algunas de las cosas que me llevaron a recibir ese entendimiento.

La gente piensa que puede creer en la Palabra de Dios. Y la verdad es que puede. Pero falla al ignorar la diferencia que hay entre la Palabra de Dios que da conocimiento general acerca de él y la Palabra de Dios que él usa para impartir —en el corazón del individuo— fe en cuanto a circunstancias y problemas específicos. Este último tipo de fe es el que trae milagros.

En el idioma griego hay dos términos que se traducen como «palabra». Uno es *logos,* el otro es *rhema.* El mundo fue creado por la Palabra, el *logos* de Dios. *Logos* es la palabra de Dios que se extiende de Génesis hasta Apocalipsis, porque toda esa palabra, directa o indirectamente, nos habla de Jesucristo, la Palabra o *Logos.* Al leer el *logos,* de Génesis a Apocalipsis, puedes recibir todo el conocimiento que necesitas acerca de Dios y sus promesas; pero por el solo hecho de leer no recibes fe. Obtienes conocimiento y comprensión de Dios a nivel intelectual, pero no fe.

Romanos 10:17 nos hace ver que el material que se usa para edificar la fe es algo más que la mera lectura de la Palabra de Dios. «La fe es por el oír, y el oír, por la palabra de Dios». Hablando en términos específicos, la fe viene por el oír —pero el oír— el *rhema.*

El Dr. Ironside define en su *Léxico griego* el vocablo *logos* como «la palabra dicha por Dios»; y *rhema,* como «la diciente Palabra de Dios». Muchos eruditos definen *rhema* como si el Espíritu estuviera tomando algunos versículos de la Palabra de Dios y vivificando con ellos a una persona determinada. Sin embargo, mi definición de *rhema* es la siguiente: «*Rhema* es una palabra específica, dada a una persona concreta, en una situación determinada».

Cierta vez en Corea, una mujer llamada Yun Hae Kyung, celebraba grandes concentraciones juveniles en las montañas de Samgak. Tenía un gran ministerio. Cuando ella predicaba, y se paraba en la plataforma, las personas pasaban al frente y caían al suelo como heridas por un rayo, tocadas por el poder del Espíritu. Muchos eran los jóvenes que acudían a sus reuniones y entregaban sus vidas al Señor.

Durante esa semana, en particular, llovió torrencialmente. Al punto que todos los ríos se desbordaron. Un grupo de jóvenes, que deseaba asistir al culto esa noche llegó a la orilla de un río. Las reuniones eran en el pueblo, que estaba al otro lado del río. Pero la corriente creció mucho y no había puentes ni botes a la vista, por lo que los jóvenes se desalentaron.

Sin embargo, tres chicas se unieron y dijeron: «¿Por qué nosotras no podremos cruzar este río? Pedro caminó sobre las aguas y el Dios de Pedro es nuestro Dios también. El Jesús de Pedro es nuestro Jesús también y la fe de Pedro también es nuestra fe. Pedro creyó y caminó sobre las aguas. Nosotras creemos y vamos a caminar sobre las aguas también».

El río estaba muy crecido y la corriente era fuerte. Pero las tres chicas se arrodillaron, se agarraron de las manos y citaron la Escritura, mencionando a Pedro caminando sobre las aguas. Entonces afirmaron que ellas repetirían el milagro. A la vista de todos los demás jóvenes, entraron resueltamente en las aguas.

Se sumergieron e inmediatamente fueron arrastradas por una fuerte corriente. Tres días después sus cadáveres fueron hallados flotando en el mar.

Ese triste caso tuvo repercusión en toda Corea. Los periódicos no cristianos atacaron apasionados con titulares como: «El Dios de los cristianos no pudo salvarlas» o «¿Por qué su Dios no contestó sus oraciones llenas de fe?». Los incrédulos se mofaban de esa tragedia y la iglesia cristiana experimentó una derrota que le causó un declive general. Muchos se sintieron deprimidos y desalentados, y no tenían palabras para responder a los reproches y las acusaciones malintencionadas.

El caso de las tres chicas ahogadas llegó a ser tema general en todo el país, por lo que muchos cristianos abandonaron su fe. Habían sido buenos cristianos, pero después de ese aparente fracaso decían: «Esas chicas creyeron lo mismo que nos enseñan los pastores. Ellas pusieron su fe en práctica. Los pastores urgen continuamente al pueblo a tener fe en la Palabra de Dios. Esas chicas hicieron justamente eso. ¿Por qué Dios no les contestó? Es probable que no sea un dios vivo. No debe ser nada más que otra deidad de una religión formalista en la que nos hemos envuelto».

¿Qué clase de respuesta le podrías dar a esa gente? Esas chicas habían creído. Habían ejercido fe en la Palabra de Dios.

Sin embargo, Dios no tenía razón para apoyar la fe de ellas. Pedro nunca caminó sobre las aguas por razón del *logos*, el cual provee información general acerca de Dios. Pedro demandó que Cristo le diera una palabra específica para él. Dijo: «Señor, si eres tú, mándame que vaya a ti sobre el agua» (Mateo 14:28).

Jesús contestó: «Ven».

La palabra que Jesús le dio a Pedro no era *logos*, sino *rhema*. Jesús le dio una palabra específica, ven, a una persona concreta, *Pedro*, en una ocasión determinada, la tormenta.

Rhema trae fe. La fe viene por el oír, por el oír de *rhema*. Pedro nunca caminó sobre las aguas solo por el conocimiento de Dios. Caminó porque recibió *rhema*.

Pero esas tres chicas solo tenían *logos*, un conocimiento general de Dios y del milagro de andar sobre las aguas y, en este caso específico de la obra de Dios, a través de Pedro. Ellas ejercieron una fe humana en *logos*, y ese fue su error. Dios, por lo tanto, no tenía responsabilidad de responder a esa fe. La diferencia en el modo en que estas tres chicas y Pedro ejercieron fe, es como del día a la noche.

Dos años atrás dos estudiantes del seminario bíblico fallaron completamente en su primera empresa ministerial. Los dos habían sido discípulos míos. Habían escuchado mis conferencias y, como concurrían a mi iglesia, habían aprendido algo acerca de los principios de fe.

Comenzaron su ministerio con lo que parecía un gran acopio de fe. Se valían de escrituras como las siguientes: «Abre bien la boca, y te la llenaré» (Salmos 81:10), «Lo que pidan en mi nombre, yo lo haré» (Juan 14:14).

Fueron a un banco y sacaron un préstamo por una gran cantidad de dinero. Después visitaron a un hombre muy rico y le pidieron prestada otra gran cantidad de dinero. Con ese caudal compraron un terreno y edificaron una linda capilla, sin tener todavía una congregación. Empezaron a predicar, esperando que la gente llegara por cientos. Confiaban en recaudar muchas ofrendas y pagar así las cuotas de los préstamos. Pero nada sucedió.

Uno de los jóvenes había pedido prestados treinta mil dólares. El otro casi cincuenta mil. Pronto les cayeron los acreedores intentando cobrar sus cuentas. Los jóvenes se vieron muy apurados, al punto que casi llegaron a perder la fe.

Así que decidieron acudir a mí. Los dos lloraron.

—Pastor Cho, ¿por qué su Dios y el nuestro son tan diferentes? Usted comenzó con 2.500 dólares y actualmente tiene un proyecto de cientos de millones de dólares. Nosotros hemos construido una iglesia que apenas nos costó 80.000. ¿Por qué Dios no nos contesta a nosotros? Creemos en el mismo Dios, tenemos la misma fe, ¿por qué no nos ha respondido a nosotros?

Entonces comenzaron a citar versículos de la Biblia con promesas tanto del Antiguo como del Nuevo Testamento y agregaron:

—Nosotros hicimos exactamente lo que usted nos enseñó y fracasamos.

Entonces les dije:

—Me alegra que hayan fracasado después de oír mis palabras. Son muy buenos discípulos míos, pero no del Señor Jesucristo. Han entendido muy mal mis enseñanzas. Yo comencé a trabajar con mi iglesia debido a *rhema*, no a *logos*. Dios habló claramente a mi corazón y me dijo: «Levántate, ve y edifica una iglesia para diez mil personas». Dios me impartió su fe y yo fui, y el milagro ocurrió. Pero ustedes fueron solamente por el *logos*, un conocimiento general acerca de Dios y su fe. Por lo tanto, Dios no tenía obligación de apoyarlos ni de sostenerlos en sus esfuerzos, aun cuando el ministerio que ustedes hacían era para el Señor Jesús.

Hermanos y hermanas, por medio de *logos* pueden conocer a Dios. Pueden adquirir conocimiento en cuanto a quién o qué es Dios, pero *logos* no siempre se hace *rhema*.

Supongamos que un hombre enfermo acude al estanque de Betesda y les dice a los reunidos allí: «Eh, tontos, ¿qué están haciendo aquí? Este es el mismo estanque de siempre, con la misma agua, en el mismo lugar. ¿Por qué tienen que estar esperando día tras día? Ahora mismo voy a meterme en el agua».

Enseguida se mete en el agua y se sumerge todo lo que quiere. Pero cuando sale del agua está tan enfermo como antes. Era solamente después que el ángel del Señor revolvía el agua que la gente podía meterse dentro y recibir sanidad. Siempre era el mismo estanque, con la misma agua. Pero solo cuando el ángel de Dios la movía, se producían los milagros.

Rhema sale de *logos*. *Logos* es como el estanque de Betesda. Puedes oír la Palabra de Dios y estudiar la Biblia, pero solamente cuando viene el Espíritu Santo y aviva esa Palabra en tu corazón, haciéndola arder dentro de tu alma, y dándote a conocer cómo aplicarla directamente a tu situación específica es que *logos* se convierte en *rhema*.

A todo el mundo se le da el *logos*. Es común a los coreanos, europeos, africanos y estadounidenses. Se les da a todos para que adquieran conocimiento acerca de Dios; pero el *rhema* no es para todos. *Rhema* se le da a esa persona específica que está esperando en el Señor hasta que el Espíritu Santo vivifique *logos* y lo convierta en *rhema*. Si nunca tienes tiempo para esperar en el Señor, entonces el Señor nunca podrá venir y vivificar la escritura necesaria en tu corazón.

Esta es una época muy agitada. La gente acude a la iglesia para que la entretengan. Escuchan un sermón breve y enseguida terminan el servicio, sin dedicar un tiempo a esperar delante del Señor. Se les da el *logos*, pero no el *rhema*. Por eso no ven milagros de Dios y, entonces, comienzan a dudar de su poder.

La gente debe acudir al santuario, escuchar atentamente al predicador y después esperar un tiempo delante del Señor. Pero como no van para escuchar el mensaje ni a presentarse suficiente tiempo ante el Señor hasta recibir el *rhema*, no reciben la fe que necesitan para solucionar sus problemas. Aunque acuden a la iglesia, nada sucede. Por eso empiezan a enfriarse y a perder la fe.

Otro de los problemas que sufren las iglesias en esta época es el de los ministros demasiado ocupados. Pasan horas tras horas fungiendo de electricistas, carpinteros, albañiles, conserjes, enfermeros, ocupados en cien tareas distintas.

Cuando llega el sábado están tan cansados que buscan a tientas cualquier *logos* para predicar el domingo. Están tan fatigados que no tienen tiempo para presentarse y esperar delante del Señor. No tienen tiempo para transformar el pasto verde en blanca leche. Sus congregaciones comen forraje simplemente, pero no la rica leche de la Palabra. Ese es un error muy grave.

Los laicos no son enemigos del pastor. Al contrario, son sus amigos. Como hicieron los apóstoles, el ministro debe concentrarse en la oración y el ministerio de la Palabra, delegando cualquier otra labor en sus ancianos, diáconos, diaconisas y otros líderes laicos.

Yo sigo esta norma en mi iglesia. No me permito subir a la plataforma sin antes esperar delante del Señor y recibir el *rhema* que Dios quiere que use para ese mensaje. Si no recibo el *rhema*, no predico.

Así que subo a la Montaña de Oración el sábado, me instalo en una gruta, cierro la puerta y espero allí hasta que venga el Espíritu Santo y me dé el rhema que necesito. A veces me quedo toda la noche orando: «Señor, mañana vendrá la gente con todo tipo de problemas: enfermedades, dolencias, contrariedades familiares, dificultades en los negocios, todo tipo de conflictos que alguien se pueda imaginar.

»Vendrán no solo para recibir conocimientos generales acerca de ti, sino para recibir una solución real a sus problemas. Si yo no les doy una fe viviente, si no le brindo el *rhema*, entonces ellos volverán a sus casas sin haber solucionado ninguno de sus problemas. Así que necesito un mensaje específico, para una gente específica, en un tiempo específico».

Entonces espero hasta que el Señor me da el mensaje. Cuando subo a la plataforma, marcho como un general, porque sé que el mensaje que voy a entregar tiene la unción del Espíritu Santo.

Después que predico la gente de nuestra congregación se me acerca y me dice: «Pastor, usted predicó exactamente la palabra que yo necesitaba. Tengo fe que mi problema se va a solucionar».

Eso se debe a que los he ayudado a recibir el *rhema*.

Hermanos y hermanas, en la iglesia, no estamos formando un club de santos. Estamos tratando con asuntos de vida y muerte. Si el pastor no le provee *rhema* a su pueblo, entonces todo lo que tiene es un club religioso o social. En el mundo tenemos clubes sociales como el Rotary y los Kiwanis, y otros de la misma naturaleza, y sus miembros pagan una especie de diezmo también.

Las iglesias que edificamos deben ser lugares donde la gente reciba soluciones de parte de Dios. Reciba y vea milagros en su vida. Y pueda obtener, no meramente un conocimiento intelectual de Dios, sino una comprensión experimental, real y viva. Pero para lograr ese objetivo es necesario que el pastor, primero, reciba el *rhema*.

Se le debe conceder tiempo a los cristianos para que se presenten ante el Señor y esperen en él, a fin de que el Espíritu Santo tenga tiempo para tratar con ellos e inspirarlos por medio de las Escrituras. El Espíritu Santo puede tomar las Escrituras, «la palabra dicha» de Dios, y aplicarla al corazón de una persona, haciendo que la palabra «dicha» pase a ser la palabra «diciente» de Dios. El *logos* debe hacerse *rhema*.

Ahora puedo decirte por qué mucha gente no recibe sanidad. Todas las promesas son potencialmente —pero no literalmente— nuestras. Nunca tomes una promesa de la Palabra de Dios simplemente y digas: «¡Oh, esta promesa es mía, es mía!». ¡NO! Es tuya potencialmente, sí, pero llega a hacerse prácticamente tuya cuando esperas delante del Señor.

Antes de que el Señor le dé vida a un pasaje de las Escrituras para un individuo, tiene varias cosas que hacer. Primero, el Señor desea limpiar tu vida y hacer que te entregues a él. El Señor nunca hace promesas precipitadas. Mientras Dios trata contigo, toma un tiempo para permanecer delante de él. Confiesa tus pecados y rinde tu vida a él. Cuando estas condiciones se cumplan, desciende el poder de Dios. Y tu corazón, así como el estanque de Betesda, será estremecido por algún texto en particular; entonces sabes que esa promesa es tuya y recibes la fe para producir el milagro.

EL BLANCO SUPREMO
DE DIOS

La sanidad del cuerpo físico no es el blanco supremo del Espíritu Santo. Es necesario que sepamos bien claro cuáles son las prioridades del Espíritu. El blanco supremo es la sanidad de nuestras almas. Cuando Dios trata contigo, siempre lo hace a través de la sanidad del alma. Si tu alma no es recta delante de Dios, no importa cuánta oración, cuánto clamor ni cuánto salto hagas, eso no te traerá el *rhema* que necesitas. Sin embargo, para que eso suceda debes esperar ante el Señor.

La sanidad divina está de completo acuerdo con la voluntad soberana de Dios. A veces una persona recibe sanidad instantáneamente, mientras que otra debe esperar quizá bastante tiempo.

Uno de los mejores diáconos de nuestra iglesia enfermó. Ese hermano daba todo para el Señor, amaba a Dios y trabajaba para él en una forma asombrosa. A él le dijeron que tenía un tumor en el cuerpo y que el doctor deseaba operarlo. Pero todos en la iglesia creíamos que el Señor iba a sanarlo, porque era un santo colosal, poseedor de una gran fe. Así razonábamos casi todos.

Yo oré por su sanidad. Los cuarenta mil miembros de la iglesia (que éramos en esa época) oraron por él. El hermano también clamó por su sanidad.

Sin embargo, nada sucedió. Se fue empeorando cada día. Finalmente, comenzó a sufrir unas hemorragias que tuvo que ser llevado al hospital y operado. Muchos de los miembros quedaron consternados y dijeron: «¿Dónde está Dios? ¿Por qué lo ha dejado sufrir de esa manera?».

Yo, sin embargo, alabé al Señor porque sabía que en todo ese caso había un magnífico propósito escondido.

Cuando el hermano fue hospitalizado comenzó a predicar el evangelio a todos los que estaban en la sala. Pronto todo el hospital sabía que hay un Jesús vivo, y que su representante terrenal estaba ahí en una cama del mismo hospital. Muchos de los médicos y las enfermeras que lo trataron, además de los pacientes que lo escucharon, llegaron a convertirse y ser salvos.

Luego todos los miembros de la iglesia dijeron, regocijándose: «Alabado sea el Señor, era mucho mejor para él ser hospitalizado que ser sanado divinamente».

Dios sabía que la prioridad era la salvación eterna de muchas almas, más que la sanidad terrenal de uno de los miembros de la iglesia y fiel siervo suyo.

Cuando sufrimos un dolor, o tenemos un sufrimiento cualquiera, tenemos derecho a reclamar liberación. Pero eso no se logra automáticamente. Si tu sufrimiento es para que se manifieste la gracia de Dios, o si viene a ser al canal por donde fluya esa gracia redentora, entonces ese sufrimiento ha sido enviado por Dios. Pero si esos sufrimientos te anulan y comienzan a destruirte, entonces han sido enviados por Satanás, y debes orar para ser librado de ellos.

Voy a relatar un caso en el que Dios no libró a la gente de sus sufrimientos.

Eso sucedió durante la Guerra de Corea, cuando quinientos pastores fueron capturados y fusilados inmediatamente, y dos mil iglesias evangélicas fueron destruidas.

Los comunistas se portaron sádicamente con los pastores. La familia de un pastor fue apresada en Incheon, Corea, y los líderes comunistas los sometieron a lo que ellos llaman un «tribunal del pueblo». En esos famosos tribunales los acusadores siempre preguntan: «Este hombre es culpable de tal o cual crimen, y por ese crimen debe ser castigado, ¿qué dice el pueblo?».

La respuesta es, invariablemente, un unánime «¡Sea castigado!».

En esta ocasión que relato, los comunistas cavaron un gran hoyo y pusieron en su interior al pastor, a la esposa y a varios de los hijos de ellos. El líder del pueblo dijo entonces: «Señor Fulano, todos estos años usted ha estado engañando al pueblo con esa superstición de la Biblia. Si quiere retractarse públicamente delante del pueblo, y arrepentirse de su equivocación, usted, su esposa y sus hijos serán libertados. Pero si persiste en su superstición, usted y toda su familia serán enterrados vivos. ¡Haga usted su decisión!».

Los chicos comenzaron a clamar: «¡Papito, papito, piensa en nosotros!».

Piensa en eso, amigo y hermano mío. ¿Qué habríamos hecho nosotros en su lugar? Yo soy padre de tres hijos, y prefiero ser arrojado al fuego antes que verlos sufrir tan inicuamente.

El padre se conmovió profundamente. De modo que alzó su mano y dijo: «Sí, sí... voy a hacerlo... voy a denunciar... mi ... mi...»

Sin embargo, antes de que pudiera terminar su frase la esposa gritó: «¡Papá... di que NO!».

Y dirigiéndose a sus hijos, aquella valiente mujer dijo: «¡Cállense, chicos, esta noche vamos a cenar con el Rey de reyes y Señor de señores!».

La madre comenzó a cantar el himno «En presencia estar de Cristo», seguida por su esposo y sus hijos:

En presencia estar de Cristo,
ver su rostro que será,
cuando al fin en plena gloria
¡mi alma le contemplará!

Al final, todos se unieron en el canto triunfal mientras los comunistas comenzaron a sepultarlos echándoles tierra encima. Pronto los más chicos quedaron cubiertos, pero siguieron cantando hasta que la tierra les colmó sus bocas. Toda la gente estaba mirando, estupefacta. Dios no libró a esa familia de la muerte, pero casi toda la gente que contempló la ejecución llegó a convertirse al evangelio de Jesucristo. Muchos de ellos ahora son miembros de nuestra iglesia.

La gracia de Dios se derramó a través del sufrimiento de ellos. Dios entregó a su Hijo unigénito para que muriera en la cruz del Calvario, de forma que este mundo fuera salvado y redimido. Este es el blanco supremo de Dios: la redención de las almas. Así que cuando desees sanidad divina, o una respuesta de lo alto, enfócate siempre a través de los lentes de la meta suprema, la redención de las almas. Si ves que tu sufrimiento redunda en la salvación de otras almas, no pidas ser librado del mismo, pide que Dios te dé fuerza para perseverar a través del sufrimiento.

Discernir entre el sufrimiento que provoca Satanás —el que Dios puede quitar— y el que es permitido por Dios para hacer fluir su gracia salvadora, no es siempre fácil. Para poder distinguir bien entre uno y otro, necesitas esperar en el Señor y conocer profundamente la voluntad de Dios. No te desanimes ni vayas de un evangelista a otro. Deja que Dios te muestre la verdad a través de la oración, el ayuno y la fe.

Cuando el Espíritu Santo aviva el *logos* de la Escritura, imparte una fe milagrosa a tu corazón. Te das cuenta de que la Escritura no es más la «palabra dicha de Dios», sino que se ha convertido en la «palabra diciente de Dios». Por tanto, debes afirmarte en esa palabra y ponerla en práctica, aun cuando momentáneamente no veas nada claro. Aun cuando no puedas ver ni tocar nada, aun cuando toda tu vida esté completamente oscura, una vez que reciba el *rhema* no debes tener temor. Camina y anda sobre las aguas, y podrás ver realizarse el milagro. Pero ten cuidado, sin embargo, de no adelantarte a Dios.

Muchas personas pretenden adelantarse a Dios, como lo hizo Pablo por su urgencia de predicar el evangelio de Jesucristo. Jesucristo le había dicho que iba a enviarlo lejos, a los gentiles. Pablo aceptó ese *logos* y marchó para Asia. Pero el Espíritu de Cristo no le permitió ir a ese lugar.

Entonces Pablo dijo: «Me iré a Bitinia». Pero otra vez el Espíritu de Dios dijo «no».

Entonces Pablo y sus compañeros se dirigieron a Troas, una ciudad desconocida. Podemos imaginarnos el asombro y la confusión que tendrían allí. Es posible que pensara: «Yo solo estaba obedeciendo el mandato del Señor de ir hasta los confines de la tierra predicando el evangelio. ¿Por qué fracasé?».

No obstante, cuando estaban orando y esperando en el Señor, recibió el *rhema*, y un hombre de Macedonia apareció en una visión y dijo: «Pasa a Macedonia y ayúdanos». De modo que tomaron el primer barco que pasaba y se fueron a Europa.

Por medio del ejemplo de Pablo podemos apreciar la diferencia entre *logos* y *rhema*.

RECIBE EL RHEMA

La gente acude a mí y me comenta: «Hermano Cho, puedo orar por varias promesas de la Escritura y esperar en el Señor hasta que el Espíritu Santo las avive y las aplique a mi vida. Pero, ¿cómo hago para obtener el *rhema* para escoger un esposo o una esposa? Yo leo toda la Biblia, pero no encuentro nada que me diga que tenga que casarme con Juana, María o Isabel. ¿Cómo puedo obtener una palabra *rhema* acerca de esto?

»La Biblia tampoco dice nada acerca de dónde debo establecer mi domicilio, si en Buenos Aires, en Los Ángeles o en Berlín. ¿Cómo puedo saber la voluntad de Dios acerca de cosas como esas?

Esas son preguntas legítimas. Permíteme darte los cinco pasos que doy para saber el *rhema* acerca de cuestiones específicas.

1. Punto neutro

Mi primer paso es ponerme a mí mismo en punto neutro. No marchar adelante, ni marchar atrás, sino completa calma en el corazón. Entonces espero en el Señor y le digo: «Señor, aquí estoy, listo para escuchar tu voz. Si tú dices "sí" iré; pero si dices "no", no iré. No hagas decisiones para mi propio beneficio, decide conforme a tus deseos. Sea bueno o malo para mí, estoy listo para aceptar tu directriz».

Con esta actitud de corazón espero en el Señor. Muchas veces la mejor acción que se puede hacer es ayunar y orar, porque si comes mucho quedas muy cansado, y ya no puedes orar. Luego de estar seguro de que estoy en completa calma, doy el segundo paso.

2. Deseo divino

La segunda cosa que hago es pedirle al Señor que me revele su voluntad a través de mis deseos. Dios siempre viene a ti a través de tus deseos santificados. «Deléitate asimismo en Jehová, y él te dará las peticiones de tu corazón» (Salmos 37:4 RVR1960). «A los justos les será dado lo que desean» (Proverbios 10:24 RVR1960). «Por tanto os digo, que todo lo que pidiereis orando, creed que lo recibiréis, y os vendrá» (Marcos 11:24 RVR1960).

Desear, entonces, es uno de los puntos focales de Dios. Además de eso, en Filipenses 2:13 leemos: «Porque Dios es el que en vosotros produce, así el querer como el hacer, por su buena voluntad».

A través del Espíritu Santo, Dios pone en tu corazón el deseo, haciendo que quieras hacer su voluntad. Así que ora al Señor: «Dios, ahora dame el deseo de acuerdo a tu voluntad».

Ora al Señor, espera en él hasta que te conceda el deseo divino. Mientras oras muchos deseos hermosos fluirán de tu mente. Ten la paciencia necesaria para que también los deseos de Dios vengan a tu mente. No te detengas y digas: «Oh, yo ya tengo de todo», para salir enseguida corriendo. Espera en el Señor un poco más. También Satanás puede poner deseos en tu corazón, o pueden salir de tu propio espíritu, o el Espíritu Santo puede dártelos.

El tiempo siempre es una prueba. Si esperas pacientemente, tus propios deseos, y los deseos de Satanás se debilitarán, pero el deseo del Espíritu Santo se hará más y más fuerte. De modo que espera, hasta que recibas el deseo divino.

3. Compara con las Escrituras

Después que mi deseo se ha hecho más claro, paso entonces al número 3: lo comparo con las enseñanzas de la Biblia.

Una vez una señora se me acercó muy agitada, y me dijo:

—Oh pastor Cho, voy a sostener su ministerio con una gran cantidad de dinero.

—Alabado sea el Señor —dije yo—. Tome asiento y dígame cómo lo hará.

—Sentí un apasionado deseo de hacer negocios —explicó—. Hay un negocio que está prosperando mucho y, si entro en él, creo que voy a ganar mucho dinero.

—¿Qué clase de negocio es? —le pregunté.

—Tengo un deseo ardiente de monopolizar el mercado de cigarrillos. Tabaco, usted sabe.

—Olvídese de eso —dije rápidamente.

—Pero yo tengo el deseo —dijo ella—, es un deseo ardiente, así como usted ha predicado.

—Ese deseo es de su propia carne —le repliqué—. ¿Ha leído usted la Biblia para saber si ese deseo es bíblico?

—No.

—Su deseo tiene que pasar por el cedazo de las Escrituras —le expliqué—. La Biblia dice que usted es templo del Espíritu Santo (1 Corintios 6:19). Si Dios hubiese deseado que la gente fumara, los hubiera hecho con una nariz diferente. Las chimeneas se hacen con la boca apuntando para el cielo, no hacia abajo, para que salga el humo. Dios no creó a la gente para que fume, porque les hizo la nariz apuntando para abajo. El Espíritu Santo habita en su cuerpo. Si usted fuma, entonces está contaminando el templo del Espíritu con humo. Su deseo es ajeno a la voluntad de Dios. Sería bueno que se olvidara de ese negocio.

Un hombre se acercó un día y me dijo:

—Pastor, quiero establecer una amistad con una hermosa mujer viuda. Ella es dulce, bella, maravillosa. Cuando oro, siento un deseo ardiente de casarme con ella. Pero todavía tengo a mi esposa y a mis hijos.

—Vea —le dije— mejor olvide eso de inmediato, porque ese deseo es del diablo.

—¡Oh, no, no, no, —dijo él—, este deseo no es del diablo. Cuando oro el Espíritu Santo me habla al corazón y me dice que mi esposa original no es exactamente la clase de costilla que calza en mi costado. Mi presente esposa es más bien una espina en mi carne. El Espíritu Santo me habló y me dijo que esa viuda es exactamente mi costilla perdida, la que calza exactamente en mi costado.

—Eso no es del Espíritu de Dios. Es del diablo —volví a insistirle.

Mucha gente comete el mismo error. Si oran en contra de la voluntad expresa de Dios, como está escrita en su Palabra, entonces les hablará el diablo. El Espíritu Santo jamás contradice la Palabra escrita. Ese hombre no me quiso escuchar. Se divorció de su mujer y se casó con la viuda. Ahora es el más miserable de los mortales. Descubrió que su segunda costilla era mucho peor que la primera.

De modo que todos nuestros deseos deben ser examinados cuidadosamente a través de la Escritura. Si no sabes hacer eso por ti mismo, entonces consulta con tu pastor.

4. Pide una señal

Después que he escrutado atentamente mi deseo con la Palabra de Dios, estoy listo para dar el paso número cuatro: pedirle al Señor que me dé una señal y que provenga de mis circunstancias. Si Dios ha hablado realmente a tu corazón, entonces te dará indudablemente una señal del mundo exterior.

Cuando Elías oró siete veces pidiendo lluvia, recibió una señal externa: una nubecilla, del tamaño de la mano de un hombre, la cual apareció sobre el horizonte.

También en Gedeón tenemos un ejemplo, cuando Dios le dio la señal del rocío y el vellón de lana. Dios siempre me muestra una señal externa. A veces es muy pequeña, pero siempre es indicativa.

5. El tiempo de Dios

Después que he recibido una señal externa, doy el paso final. Oro hasta que sea el momento de Dios. El tiempo de Dios siempre es diferente del nuestro.

Así que debes orar hasta que sientas una paz verdadera, porque la paz es el árbitro principal. Si después de orar todavía sientes inquietud en tu espíritu, entonces aún no es el tiempo apropiado. Significa que todavía está encendida la luz roja. De modo que debes mantenerte orando y esperando. Cuando veas que la luz roja cambia, y se enciende la verde, entonces vendrá una gran paz a tu corazón.

Así que es el momento de saltar y de echar a andar. Camina, corre a toda velocidad, con la bendición de Dios y el *rhema* de Dios. Los milagros se sucederán en tu vida uno tras otro.

Siempre he seguido, en mi vida cristiana, estos cinco pasos. Y Dios siempre ha confirmado este modo de caminar con señales y milagros. Estos resultados positivos siempre me muestran la clara diferencia que hay entre *logos* y *rhema*.

No debes estar confundido en cuanto a las promesas de Dios. Ninguna clase de gritos, chillidos, clamores y saltos convencerá a Dios. Él se convence a sí mismo cuando imparte, en nuestro corazón, la fe que le agrada.

La versión Reina Valera de la Biblia dice en Marcos 11:22: «Tened fe en Dios», para que puedas mover montañas y arrojarlas al mar. Pero el texto griego no dice precisamente «Tened fe *en* Dios», sino «Tened la fe *de* Dios».

¿Cómo puedes tener la fe de Dios? Cuando recibes el *rhema*, la fe dada no es tu propia fe; es la fe que Dios te imparte. Después que recibes esa fe impartida, entonces puedes mandar a cualquier montaña que se mueva y lo hará. Si no recibes esa fe especial de Dios, no puedes hacer eso.

Si no es por otra razón, debes estudiar cuidadosamente la Biblia —desde Génesis hasta Apocalipsis— para que le des al Espíritu Santo el material con el que necesita trabajar. Entonces, cuando esperes en el Señor, el Espíritu Santo te impartirá su fe. Grandes milagros te seguirán mientras actúas en esta fe, milagros en tu ministerio y en tu hogar.

Así que espera en el Señor; nunca consideres eso una pérdida de tiempo. Cuando Dios habla a tu corazón, puedes —en un segundo— hacer cosas mucho más grandes que las que podrías hacer tú en un año completo. Espera en el Señor y verás grandes cosas cumplidas.

CAPÍTULO 5

La escuela de Andrés

CUANDO RECIBES A Cristo como tu Salvador personal, tu espíritu renace instantáneamente. La vida de Dios se derrama en ti y, de inmediato, todo tu ser espiritual recibe vida eterna. Pero tu mente, tus pensamientos, tienen que ser renovados conforme a tu espíritu regenerado. Ese trabajo de renovación es un proceso que dura la vida entera y requiere tiempo, además de que demanda energía y exige lucha. Esta renovación es imprescindible si uno ha de recibir y actuar en el *rhema* que es dado por Dios, permitiéndole a la poderosa palabra creativa permanecer vital.

UN PENSAMIENTO RENOVADO

Muchas personas experimentan una renovación espiritual, pero no renuevan su mente para poder captar los pensamientos de Dios. No alinean sus vidas de acuerdo a los pensamientos de Dios. Debido a eso, Dios —que habita en ellos—, no puede moverse libremente a través del canal de sus vidas pensantes. Permítame ilustrar esto más claramente.

Cierto día mi hijo mayor, que en ese tiempo cursaba el cuarto grado de la escuela primaria, acudió a mí. Evidentemente el chiquillo deseaba preguntarme algo, pero vacilaba un poco. Al fin, yo hablé primero.

—Hijito, ¿estás tratando de decirme algo?

El chico se sonrió y me dijo:

—Papá, si te hago una pregunta rara, ¿te vas a enojar?

—Por supuesto que no —le respondí—. Pregunta no más.

—Bien. Dime una cosa: ¿te está permitido decir una mentira delante de la congregación?

—¿Cuándo he dicho yo una mentira? —inquirí.

Él se rio y me dijo:

—Te he oído decir una mentira tras otra a la congregación.

Quedé francamente perplejo. Si mi propio hijo dudaba de mí, entonces, ¿quién podría tenerme confianza?

—Siéntate, hijito —le dije—, y dime cuándo he dicho mentiras a la congregación.

—Papá, le has dicho tantas veces a la iglesia que escuchas la voz del Señor, que me entró mucha curiosidad por saber cómo es esa voz. Los sábados, cuando preparas tu sermón en tu escritorio, me pongo a escuchar detrás de la puerta y no oigo nada. A veces hasta he abierto la puerta un poquito, para ver si veo al Señor. Pero nunca hay nadie contigo. Nunca te he visto hablar con el Señor y, sin embargo, cuando subes al púlpito el domingo por la mañana, dices que te has encontrado con el Señor. Yo creo que eso es una mentira. Dime la verdad. Yo soy hijo tuyo y no voy a decirle nada a la gente.

Como era un niño bastante chico todavía, no me iba a entender si yo le daba una respuesta en términos teológicos. Así que, en esos momentos me puse a orar. «Señor, dame sabiduría. ¿Cómo puedo explicarle a este niño mi relación contigo?».

De repente, un tremendo pensamiento surgió de mi corazón. Miré a mi hijo y le dije:

—Hijito, permíteme ahora hacerte yo una pregunta. ¿Has visto alguna vez tus propios pensamientos?

El chico pensó un rato y después dijo:

—No, nunca he visto mis pensamientos.

—Entonces tienes una cabeza vacía. ¡No tienes ningún pensamiento allí!

—¡No, papito! ¡Claro que tengo pensamientos! Porque tengo pensamientos es que puedo hablar.

—Pero —le dije—, yo nunca he visto tus pensamientos.

—¿Pero cómo puedes verlos? Ellos están dentro de mi cabeza y tú no los puedes ver.

—Bien. Entonces, por consiguiente, aunque tus pensamientos sean invisibles, existen, ¿verdad?

—Así es, papito —respondió.

—Muy bien. De la misma manera, yo me reúno con Dios y hablo con él, aunque no lo veas con tus ojos. Dios es como tus pensamientos. La Biblia dice que Dios es la Palabra. Y dime, hijito, ¿qué es la palabra? La palabra es el pensamiento vestido de vocabulario. Y si Dios es pensamiento cubierto con vestidos chinos, los chinos pueden entender los pensamientos de Dios. Y si Dios se viste de inglés, los que hablan inglés lo pueden entender. Y a los coreanos los pensamientos de Dios nos vienen vestidos de coreano, para que nosotros los coreanos los podamos entender.

»Hijito mío —proseguí—, yo me encuentro con Dios cuando leo la Escritura, que es su Palabra. Y los pensamientos de Dios, escritos en idioma coreano, se conectan con mis pensamientos en un reino invisible, de forma que puedo tener una conversación con mi Padre celestial por medio de la Palabra de Dios. En este sentido, Dios es como el pensamiento.

Mi chico, que es inteligente, captó de inmediato la explicación.

—Ya entiendo —me dijo contento—. No puedo ver mis pensamientos, pero sé que los tengo. ¡Claro! Dios es como el pensamiento. No puedo verlo, pero está aquí. ¡Estoy satisfecho! Lo siento papá, por no haber entendido bien tu manera de conversar con Dios.

Cuando mi hijito se fue, me levanté y alabé a Dios.

—Padre —dije—, temí que él no comprendiera, pero ha entendido. Ahora me doy cuenta de que no era yo quien hablaba, sino el Espíritu Santo, el que me ayudó para explicar con palabras tu maravillosa presencia.

Ahora, permíteme que te haga una pregunta. ¿A qué se parece Dios? ¿Tiene Dios alguna forma? ¿Se parece a un ser humano? ¿Cómo puedes explicar la presencia de Dios?

Dios es como el pensamiento. Si no tienes ningún pensamiento, entonces Dios no tiene canales para hablarte. No puedes tocar a Dios con tus manos. No puedes respirar a Dios, como respiras aire con tus pulmones. Dios no pertenece al mundo sensorial. Puedes tratar con él solamente a nivel de tus pensamientos.

Los pensamientos de Dios nos llegan solo a través de su Palabra o del Espíritu Santo. Sus pensamientos se vinculan a los nuestros y es ahí donde encuentra a Dios. De modo que si no renuevas cada día todo lo que piensas y tu mente por completo —después de tu conversión—, entonces Dios no puede realmente manifestarse ante ti.

Muchos individuos aún viven con sus antiguos pensamientos después que se convierten a Cristo. Esa pasada forma de pensar es muy limitada, de modo que también limita a Dios, a causa de una incorrecta vida pensante. Para caminar en estrecho compañerismo con Dios, debes renovar tu mente y tu pensamiento. Si no renuevas todo lo que piensas, Dios no puede comunicarse contigo. Dios no puede tratar con una mente que está viciada y contaminada, así como los peces no pueden vivir en las aguas corrompidas de un lago ni las aves volar a gusto en un aire contaminado.

Debes renovar tu pensamiento para que la fe pueda surgir a través de tu vida pensante. La fe no brota solamente del espíritu interior. La fe surge en cooperación con tus pensamientos, porque la fe es por el oír y el oír por la Palabra de Dios (Romanos 10:17).

Así que, primeramente, debes oír; y a través del oír, la Palabra de Dios viene a tus pensamientos. Y mediante tu vida pensante, los pensamientos de Dios entran en tu espíritu y producen fe. Por lo tanto, si no renuevas tus pensamientos, no puedes comprender bien los pensamientos de Dios. Y sin la renovación de la mente y el oír la Palabra de Dios, no puedes tener fe. La fe viene por el oír.

¿Y qué es lo que tú oyes? Los pensamientos de Dios. El campo de tus pensamientos absorbe los pensamientos de Dios y produce fe. Es más, por medio de tu fe Dios puede ejercer influencia en otros. Tu vida pensante es muy importante; por tanto, debes —imprescindiblemente— renovar tu mente. Hay tres pasos que debes dar si quieres renovar tu mente. Esos tres pasos deben darse antes de adquirir una renovación completa de la vida pensante.

CAMBIA TU MANERA DE PENSAR

El primer paso que debes dar es cambiar de una manera de pensar negativa a otra positiva. Tomemos como ejemplo a Pedro, el discípulo de Jesús.

Los discípulos del Señor navegaban en su barca por el mar de Galilea. Era una noche oscura y tormentosa, por lo que las olas eran tan altas que la nave se desplazaba con dificultad. Los hombres estaban librando una batalla perdida para mantener la embarcación a flote. Sin embargo, de súbito, vieron a Jesús caminando sobre las aguas en dirección a ellos. En esos tiempos había una leyenda que decía que si un marinero veía un fantasma andando sobre las olas, el barco se hundía irreparablemente. De modo que cuando los discípulos vieron a Jesús quedaron paralizados por el miedo, seguros de que el navío se hundiría sin remedio y que ellos iban a morir.

Jesús, sin embargo, les habló y les dijo: «¡Cálmense! Soy yo. No tengan miedo» (Marcos 6:50).

Pedro le gritó: «¡Señor, si eres tú, mándame que vaya a ti sobre el agua!» (Mateo 14:28).

Pedro siempre hablaba antes de pensar. Era muy emocional, pero muy audaz. Por eso Dios lo usaba.

Jesús le dijo a Pedro que se acercara a él. Cuando Pedro escuchó la orden, la aceptó al instante en su mente, por lo que sus pensamientos fueron renovados.

Hablando en términos humanos, Pedro jamás hubiera caminado sobre las aguas, pero cuando aceptó la palabra de Jesús, renovó instantáneamente su mente. Cambió su modo de pensar de negativo a positivo. Él jamás hubiera ni imaginado siquiera que podría caminar sobre las aguas. Pero apenas oyó el mandato de Jesús, lo aceptó y cambió de idea. Entonces creyó que podía caminar sobre las olas. Cambió totalmente de idea; el hombre siempre actúa conforme a su manera de pensar.

Cuando Pedro renovó sus pensamientos, cuando creyó que podía caminar sobre las aguas, actuó de acuerdo a ello y saltó fuera de la barca. La noche seguía oscura y tormentosa, y las olas eran muy altas. Pero Pedro arriesgó audazmente su vida, lanzándose al mar por fe, y comenzó a caminar sobre las aguas.

Los milagros siempre siguen a una mente renovada. Cuando se dio cuenta que podía caminar sobre las aguas, enfrentó las olas. Sus pies se mojaron con la espuma, dio pasos sobre la cresta de las olas, ¡estaba caminando sobre el mar!

Súbitamente, sin embargo, comenzó a mirar en derredor. Observó los abismos que se formaban entre ola y ola, y empezó a regresar a su antigua manera de pensar. «¡Mírenme! —habrá pensado Pedro— ¿no soy acaso un ser humano? ¡Y estoy caminando sobre las olas! Se supone que los seres humanos no pueden caminar sobre las aguas. Pueden caminar en la tierra, pero no en el agua. No soy ningún pez pero, miren, ¡estoy caminando sobre las aguas! Esto es raro. ¡Es imposible que yo haga esto!».

Así que volvió otra vez a su antiguo modo de pensar. Razonó que no podía caminar sobre las aguas e inmediatamente comenzó a hundirse.

Dios se relaciona con cada uno de nosotros por medio de nuestros pensamientos. Cuando Pedro recibió el *rhema* de Jesucristo, renovó sus pensamientos y creyó que era capaz de andar sobre las aguas, lo cual hizo. Pero cuando volvió a cambiar su modo de pensar y a hacerlo a la manera antigua, empezó a hundirse de nuevo.

Este es un concepto sumamente importante, porque tal como el hombre piensa, así es y actúa. Si piensas que eres un rey, o una reina, actuarás como monarca. Si piensas que eres un ser indigno, vil, miserable, sin valor alguno, entonces actuarás de manera consecuente, aceptando que no sirves para nada.

De modo que es esencialmente vital que cambies el giro de tus pensamientos. Permíteme ilustrar este punto con otro ejemplo.

Conocí una vez a un doctor que afirmaba ser ateo. Sufrí bastante por causa de él. Durante mucho tiempo fue enemigo de mi ministerio, contrarrestando mi fe y atacando tanto mis palabras como mis creencias.

Un buen día, ese doctor sufrió un derrame cerebral y quedó paralizado. Como resultado del derrame comenzó a morir poco a poco. Quebrantado y angustiado, visitó nuestra iglesia y me pidió que orara por su sanidad.

Hay mucha gente que hace alarde de sus ideas ateas, pero cuando sufren alguna calamidad, y la noche se les vuelve oscura y tormentosa, entonces sus engañosas ideas empiezan a esfumarse.

Así que el doctor llegó a la iglesia y yo oré por él. El hombre recibió la oración de fe, se levantó de la silla de ruedas, y comenzó a caminar dando grandes pasos. La gente aplaudía y vitoreaba, alabando a Dios.

Al domingo siguiente volvió a la iglesia, caminando por sí mismo sin ninguna ayuda. Otra vez pidió que orara por él pero, como yo estaba muy ocupado en ese momento, no lo pude atender directamente. Como vio que no podía orar personalmente por él, cambió de parecer. Sus antiguos pensamientos regresaron y volvió a ser el mismo viejo hombre. Como no podía recibir mi oración de fe, volvió a ser incrédulo. Cuando salió de mi oficina para ir a su automóvil se cayó. Su esposa tuvo que levantarlo y llamar una ambulancia para llevarlo al hospital.

El doctor se cayó porque cambió sus pensamientos. El poder de Dios lo abandonó y, al igual que Pedro, comenzó a dudar; y así como Pedro que se hundió en las aguas, él se hundió en la incredulidad y la desesperación, por lo que quedó paralítico de nuevo.

Los pensamientos son importantes, de modo que no descuides renovar tu vida pensante. Sé absolutamente positivo en tus pensamientos. Nunca pienses negativamente. Dios es luz y en él no hay tiniebla alguna. No hay nada negativo en Dios, porque en él solo existe lo positivo. Siempre suceden cosas positivas, de modo que para tener comunión con Dios debes renovar tus pensamientos y pensar solamente de un modo optimista. Alimenta tu alma con la Biblia, la Palabra de Dios, porque ella está llena de pensamientos positivos.

Y cuando alimentes tu alma con la Palabra de Dios cuida de no confinar tus pensamientos a los viejos cánones mentales.

Conviértete en un revolucionario. Muchas personas se encuentran estancadas porque piensan solo de una manera ortodoxa, tradicional. Por lo mismo Dios está atado para hacer en ellos, y a través de ellos, las grandes obras que desea realizar. Pero si recibes la Palabra de Dios, y revolucionas tu modo de pensar, entonces llegarás a cumbres muy altas, mucho más allá de tus actuales limitaciones.

Cuando estoy en Corea, sostengo una sesión con mis pastores asociados todas las mañanas. Me reúno con ellos de 9:00 a 9:30, y les planteo un desafío, pidiéndoles que revolucionen su manera de pensar.

«No piensen solo tradicionalmente —les digo—. No se guíen por el pensamiento y la enseñanza de Cho. Vayan a la Palabra de Dios. Aliméntense de la Palabra de Dios. ¡Revolucionen toda su vida pensante! Expandan esa vida pensante conforme a la Palabra de Dios. Entonces Dios tendrá absoluta libertad para expresarse a sí mismo a través de sus pensamientos».

Después que les digo estas palabras, ellos reciben una poderosa motivación. Reciben la palabra, y si captan un pensamiento revolucionario y lo ponen en práctica, yo veo los resultados. Yo no intervengo en la obra que ellos hacen, excepto cuando experimentan alguna dificultad.

Una vez que he delegado el poder en ellos, ese poder permanece delegado, por lo que ya no me preocupo por él. A través de un acercamiento positivo es que trabajo con mis asociados. Todos ellos son ministros de éxito y cada uno de ellos está encargado de alguna parte de nuestra membresía que supera los cientos de miles de miembros adultos.

PIENSA EN TÉRMINOS DE MILAGROS

Cuando hayas cambiado tu pesimista forma de pensar a una optimista, el segundo paso debe ser entrenarte constantemente y pensar siempre en términos de milagros. Esta actitud pensante y vital podemos verla en los discípulos de Jesús.

En cierta ocasión Jesús fue al desierto y lo siguieron como cinco mil hombres. Además de estos habría quizás unas diez mil mujeres, todas ellas llevando consigo algunos niños. Muy bien podría haber, entre todos, una multitud de veinte mil personas. Cuando cayó la noche la gente tenía mucha hambre. Así que oscureció y comenzó a hacer frío. Y las mujeres, con sus niños, empezaron a desfallecer de hambre y a caer a un lado del camino.

Jesús llamó a Felipe: «¿De dónde compraremos pan para que coman todos estos?», le preguntó.

Con esta pregunta Felipe recibió la orden de dar de comer a toda esa enorme multitud. Si tradujéramos esto en términos modernos, Felipe hubiera organizado enseguida un Comité de arreglos físicos o un Comité de alimentación, con el fin de estudiar la manera de dar de comer a una convención de veinte mil personas. Comenzaría reclutando a los miembros del comité, buscando a los hombres más inteligentes y capaces.

Felipe presidiría el comité y abriría las sesiones diciendo: «Caballeros, nuestro Señor Jesucristo nos pide que demos de comer a veinte mil personas en el desierto. De modo que nuestro comité tiene la responsabilidad de hallar la manera de hacer eso. ¿Tienen ustedes algunas ideas de cómo hacerlo?».

Uno de los miembros levantaría la mano y pediría la Palabra.

—¿No sabes que estamos en medio del desierto? —diría él—. ¿No ves que no estamos en el centro de Jerusalén? Es absolutamente imposible pensar en alimentar a una multitud tan grande de personas.

—Creo lo mismo —respondería Felipe—. Señor escriba, anote eso.

Un segundo miembro del comité levantaría la mano y diría:

—Señor presidente, deseo hacer una pregunta: ¿tenemos suficiente dinero? Necesitamos por lo menos doscientos denarios para alimentar siquiera a una pequeña porción de ellos. ¿Tenemos algo de dinero?

—No —respondería Felipe—. No tenemos siquiera un centavo.

—Bien. Por lo tanto, estás completamente fuera de juicio —respondería el hombre.

—Correcto. Estoy de acuerdo contigo. Señor secretario, ¡anote eso también!

Un tercer hombre pediría la palabra.

—Señor presidente, ¿conoce usted alguna panadería por estos lados capaz de producir pan para veinte mil personas de una sola vez?

—No. Ni siquiera veo panaderías por aquí.

—Correcto. Nos tomaría semanas hornear pan para toda esta gente. ¡Y eso es imposible!

—Sí, estoy de acuerdo contigo —seguiría diciendo Felipe—. Señor secretario, ¡anote eso también!

Luego hablaría otro discípulo más:

—Deseo expresar mi opinión también, señor presidente. Usted sabe que se está haciendo tarde. ¿Por qué no les decimos a cada uno que se vaya por ahí y que vea cómo consigue alimentación?

La reunión del comité de comidas terminaría en esa forma y Felipe guardaría toda la información. Pero esa información sería solamente de naturaleza negativa y de imposibilidades. Información que, por su puesto, refutaría las enseñanzas de Jesús y estaría directamente opuesta a sus palabras.

Felipe iría a informarle a Jesús las opiniones del comité. Pero antes que pudiera abrir la boca aparecería Andrés con cinco panes y dos peces.

—¡Andrés! —exclamaría Felipe—. ¿Estás tratando de burlarte de nosotros? ¿Qué son cinco panes y dos peces para alimentar a veinte mil individuos? ¡Estás completamente loco!

Andrés no abriría su boca para responder a Felipe, pero presentaría los panes y los peces a Jesús.

—Señor Jesús, no es suficiente para alimentar a tanta gente, pero los traje, de todos modos.

Andrés había escuchado la orden de Jesús. Su mente había aceptado la orden. Y aunque dudaba un poco, trajo a Jesús el alimento que pudo hallar. Andrés tenía pensamiento positivo y, por medio de ese pensamiento, captó la visión de Jesús.

Entonces Jesús bendijo los panes y los peces, y los multiplicó; y toda la multitud pudo comer.

Todos los cristianos pertenecen a Cristo, pero en Cristo hay dos escuelas de pensamiento: la de Felipe y la de Andrés. Por desdicha, muchas iglesias pertenecen a la escuela de Felipe, por lo que solo hablan de imposibilidades. Claman diciendo que todo es un desierto, que es demasiado tarde y que la gente no puede ser alimentada. Hablan con poca fe y hablan de lo imposible que es hacer esto o aquello.

¿A cuál escuela perteneces tú? Yo sé que muchos asisten a diferentes escuelas y colegios. Pero, ¿a cuál escuela de pensamiento perteneces tú? ¿Perteneces a la escuela de Felipe o a la de Andrés?

Cuando en 1969, Dios habló a mi corazón y me dijo que edificara un templo para diez mil personas, quedé anonadado. Me sentía igual que Felipe. Hablé con el cuerpo de ancianos y, todos ellos, hablaron como los compañeros de Felipe. Dijeron que era imposible.

Cuando hablé con mis seiscientos diáconos, no hallé mejor acogida. Todos pensaban de la misma manera. De modo que yo también me uní al comité de Felipe, por lo que acudí al Señor y le dije que no podía edificar ese templo. Pero el Señor respondió a mi corazón: «No te dije que fueras a consultar con tus ancianos y tus diáconos, sino que vayas y edifiques el templo».

«Señor —repliqué—, tú sabes que no tengo nada para edificar. Eso demandará muchísimo dinero, el cual no tengo en este momento».

Entonces, siempre por medio del Espíritu, el Señor habló a mi corazón: «¿Qué tienes tú, personalmente, que pudieras dar de tu parte?».

Me di cuenta en mi corazón qué era lo que me estaba pidiendo, pero rehusé conocer la respuesta diciendo: «Señor, no me pidas que haga eso. Me casé cuando tenía treinta años y, a través de los años, he estado ahorrando para construir una hermosa casa y regalársela a mi esposa. ¡Yo no puedo vender esa casa!».

Pero el Señor replicó:

«Da lo que tengas».

«Padre, vale 20.000 dólares —contesté llorando—. Con eso no se puede edificar una iglesia y un complejo de edificios que costarán cinco millones. La cantidad que yo pueda obtener por mi casa no serviría para nada».

Sin embargo, Dios insistía: «Vende tu casa, y tráeme ese dinero a mí, con toda tu fe».

«¡Oh, Señor, esto es terrible —protesté— ¿cómo puedo hacer esto?».

«Si tú vas a creer en mi palabra —me amonestó el Señor— debes darme primero todo lo que posees».

Para una esposa coreana la casa lo es todo. Es el lugar donde cría a sus hijos, donde forja su vida, la más preciosa posesión material para ella. Me daba miedo decirle a mi esposa que debíamos vender la casa, por lo que me puse en oración. Oraba pidiendo que ella estuviera de acuerdo en vender la casa.

Esa noche le llevé un ramo de flores.

—¿Por qué me vienes con esto? —preguntó enseguida—. ¿Piensas que estoy dejando de quererte?

Sin embargo, se mostró muy contenta y empezó a preparar la cena felizmente.

—¡Oh, alabado sea el Señor —respondí—, estoy tan feliz de haberte elegido! Si Dios me permitiera volver a escoger una muchacha para casarme, te elegiría a ti otra vez, inmediatamente. Cada día eres más hermosa para mí.

Después de un rato, cuando me pareció que era el momento propicio, le dije:

—Querida, tengo un gran problema.

Me miró preocupada y me dijo:

—Dímelo.

—Tenemos que edificar ese gran templo para diez mil personas —le dije—, y costará cinco millones de dólares. Mientras estaba orando por este problema, el Espíritu Santo habló a mi corazón y me dijo que si yo quería tener ese dinero para la construcción, tenía que empezar por mi propia casa. Dios desea que le entreguemos cinco panes y dos peces... y esos cinco panes y los peces son ... ¡nuestra propia casa!

Mi esposa palideció y, mirándome a los ojos, me dijo:

—Esta casa es mía, no tuya. Tú no puedes disponer de ella. Me pertenece a mí, y a mis hijos. ¡Tú no puedes tocarla!

Su reacción fue justamente la que yo temía. Entonces fui al Señor y oré: «Señor, yo ya he hecho lo que debía hacer. El resto queda en tus manos. Envía el Espíritu Santo a su corazón, así ella podrá comprender y someterse».

Esa noche, mientras oraba, podía escuchar a mi esposa dar vueltas en la cama continuamente durante el sueño. Me di cuenta de que el Espíritu estaba obrando. Dije en oración: «¡Oh, Señor, sigue, sigue tocándola!».

Y seguro que el Señor siguió tocándola. Durante una semana no pudo dormir bien. Sus ojos se veían enrojecidos. Finalmente, vino a mí.

—No puedo soportarlo más —me dijo—. No puedo resistir más al Espíritu del Señor. ¡Vamos a vender la casa!

Ella misma fue a buscar el título de propiedad de la casa y los dos juntos pusimos ese dinero para el fondo pro-construcción de la iglesia. Éramos iguales a Andrés, que aunque solo tenía cinco panes y dos peces, tenía fe en que Jesús podía usar esa pequeña porción y alimentar con ella a toda una multitud. Nosotros también pertenecíamos a la escuela de Andrés.

Sin embargo, un día surgió un problema con el terreno donde queríamos edificar el templo. El gobierno de Corea estaba desarrollando un proyecto especial llamado Yoido Island. Esa propiedad iba a inspirarse en la isla de Manhattan, de Nueva York. Estaban construyendo allí unos edificios del gobierno e iban a permitir la construcción de una sola iglesia. Llegaron pedidos de toda Corea: los presbiterianos, los metodistas, los bautistas, los católicos, los budistas y hasta los comunistas presentaron solicitudes para obtener ese terreno.

Yo también presenté la mía. El encargado de recibir las solicitudes me miró y me dijo:

—¿A qué denominación pertenece usted?

—A las Asambleas de Dios —le dije.

—¿Esa iglesia que alaba a Dios a todo pulmón, en la que oran por los enfermos y hablan en lenguas?

—Esa misma —respondí impasible.

El hombre movió la cabeza.

—Usted sabe que ese templo tendrá que estar precisamente frente al nuevo Palacio del Congreso. Esa iglesia tiene que ser culta, refinada, dignificante y la suya no lo es. No podemos aceptar su solicitud.

Me sentí un poco feliz en mi corazón, porque eso me eximía de la obligación de edificar la iglesia. Así que volví a orar al Señor. «Señor, ¿has oído eso, verdad? No somos lo suficiente dignos como para edificar una iglesia allí».

Uno puede presentarle al Señor la excusa que quiera, pero el Espíritu Santo siempre tiene la respuesta concluyente. El mismo Espíritu respondió diciendo: «¿Cuándo te dije que fueras a pedir permiso para edificar la iglesia?».

«¿Y no se supone que debo hacerlo?», le dije.

«Hijo mío —dijo él—, no debes seguir el camino que estás tomando. Tú debes seguir el camino de la oración y la fe».

De modo que empecé a orar y a ayunar. Entonces el Espíritu Santo me habló al corazón con toda sabiduría: «Ve y busca a la persona encargada del desarrollo de toda esa zona».

Y eso fue lo que hice: fui. Y hallé que el vicealcalde de la ciudad era la persona encargada de desarrollar la zona. Empecé preguntando acerca de su familia y de su casa, y supe que su mamá era miembro de la iglesia presbiteriana. Entonces visité a esa dama y me puse a orar con ella. La señora recibió el bautismo del Espíritu Santo y comenzó a asistir a mi iglesia.

En Corea la suegra tiene bastante poder y autoridad sobre la nuera. Así que le dije a esta hermana que debía traer a su nuera a la iglesia para que aceptara a Cristo y fuera salva. «Su nuera también tiene que hallar la salvación», le dije.

La mujer oró y después trajo a la iglesia a la esposa de su hijo. Tras escuchar el sermón, la joven señora entregó su vida a Cristo y fue llena del Espíritu Santo.

Comencé a trabajar con ella pensando que si había sido posible traer a la esposa, también lo sería traer al esposo. Le di instrucciones y le dije:

—Usted tiene que traer a su esposo a la iglesia.

—Pero él anda siempre muy ocupado —dijo ella.

—¿Usted no desea que él se vaya al infierno, verdad? —le dije severamente—. De modo que ¡tráigalo a la iglesia!

Cuando al fin ella apareció un domingo con su esposo, prediqué un fogoso sermón. Aunque no miraba directo a su cara, en realidad, prediqué dirigiéndome a él. Y milagrosamente el hombre entregó su corazón al Señor.

Al domingo siguiente me visitó en mi oficina y me dijo:

—Pastor, usted sabe que soy el encargado de las obras de fomento y desarrollo de Yoido Island. Vamos a permitir que una iglesia coreana edifique su templo allí. Y yo deseo que sea la nuestra.

Tuve ganas de gritar de alegría, pero el Espíritu no me lo permitió. A veces el Espíritu Santo se manifiesta de una manera muy misteriosa. A mí me hizo entender que debía decir: «No». Pero yo, interiormente, protesté: «Señor, hemos trabajado mucho y muy duro para esto. ¿Por qué tengo que decir no?».

Aunque mi corazón lloraba con deseos de decir «sí», le dije al hermano:

—Señor vicealcalde, no es posible. Construir una iglesia en Yoido Island requiere una enorme cantidad de dinero. Necesitamos comprar por lo menos dos hectáreas de terreno. Eso nos costaría más de cinco millones de dólares. Pienso que es imposible. Además, para empeorar las cosas, ellos nos consideran una indigna iglesia pentecostal y dicen que no aceptarán mi solicitud.

El hermano sonrió y me dijo:

—Creo que tengo una forma de obtenerla. Ore durante una semana y entonces volveré por aquí. Usted me dará la respuesta definitiva y yo la tomaré en cuenta rápidamente.

Oré durante una semana y, a los siete días, él retornó a mi oficina.

—Pastor, si usted decide trasladar la iglesia allí, voy a hacer todos los arreglos necesarios para que obtenga el terreno que desea. También voy a encargarme de todos los documentos legales, mi oficina pagará todos esos gastos. Voy a enviar a uno de mis hombres al Congreso para que haga todos los arreglos necesarios; los gastos corren por cuenta mía. Yo voy a hacer todo por usted y usted tendrá su tierra. Y más todavía, puedo conseguirle un préstamo del gobierno para que pueda comprar la tierra a crédito.

Entonces el Espíritu Santo me dijo al corazón: «Ahora ¡grita a todo pulmón!». Así que dije:

—Señor vicealcalde, ¡acepto!

Dios me había impedido decir «sí» la semana anterior, y el resultado fue que no solo obtuvimos la tierra en forma milagrosa, sino que nos libró de todo ese engorroso papeleo y los enormes gastos adicionales que eso requiere.

Entonces fui y firmé un contrato con una empresa constructora. Poco después entraban las máquinas a trabajar la tierra y comenzó la construcción de la iglesia y el complejo de departamentos contiguo. Ese vicealcalde es ahora uno de los grandes líderes de mi iglesia.

Tu fe va a ser probada de una manera similar. Si tienes un pequeño proyecto serás probado de una manera pequeña. Pero si tienes un gran proyecto, serás probado de una manera grande. Nunca pienses que tu fe te hará pasear por un campo sembrado de rosas. Tendrás que pasar por muchas tribulaciones y turbulencias, con las cuales Dios pondrá a prueba tu fe.

En todo el tiempo que duró la edificación de la iglesia, tuve que permanecer en la escuela de Andrés. Y tuve que orar con mucha fe ante cada problema que se presentó.

Poco después de iniciadas las obras ocurrió la devaluación del dólar y el contratista rompió el contrato. Me dijo que quería renegociar el convenio y aumentar el costo de la construcción. Luego de eso vino la crisis mundial del petróleo (del año 72), y todos los bancos cerraron sus puertas. Mi gente comenzó a quedarse sin trabajo y, juntando todas las ofrendas del mes, apenas podíamos pagar los intereses del préstamo. No solo no podíamos pagar a los empleados de la iglesia, sino que mi propio salario no me era pagado. La compañía constructora me demandó porque yo me negaba a pagar el aumento. Cuando llegaba a mi oficina de la iglesia por las mañanas, solo encontraba una demanda tras otra: de la compañía de energía eléctrica, de la empresa del gas, de los servicios sanitarios, de la constructora, entre otras. Las cuentas se amontonaban en mi escritorio y yo sin dinero ni para pagar ni una sola. No tenía dinero ni para contratar un abogado. Me sentaba detrás de mi escritorio solo para ver cómo se iban yendo —uno por uno— los empleados de la iglesia porque no había dinero para pagar sus salarios. El barco se iba a pique y nadie quería quedarse en una embarcación que se anegaba y se hundía rápidamente.

Como habíamos vendido ya nuestra casa no teníamos lugar dónde ir. Tuve que llevar a mi familia a un apartamento sin terminar, situado en el séptimo piso de un edificio sin ascensor. No tenía luz ni agua corriente. No había calefacción y el invierno estaba muy frío.

Cada noche regresaba a ese frío e inhóspito apartamento, solo para tiritar durante toda la madrugada. Teníamos muy poca comida y todo parecía estar muy oscuro. Ya estaba yo raspando el fondo de la olla Y entrando en la escuela de Felipe. Me decía a mí mismo: «Sí, has cometido un error. Yo nunca hubiera creído en Dios en esa manera. Mejor es pensar en la forma tradicional. No me habría aventurado a caminar sobre las aguas. Todo este asunto de vivir por fe es un engaño. Todas esas voces que he oído en oración, no son más que las de mi propia conciencia. No son del Espíritu Santo. Sí, he cometido un error muy grave». Y empecé a sentir mucha lástima de mí mismo.

Mucha gente comenzó a abandonar la iglesia, todos los informes por esa época eran negativos. Aun mi familia comenzaba a dudar de mí. Todo parecía imposible, me sentía cansado y acabado.

«Esto es el fin —me dije—. Esto es lo que llaman "vivir por fe". Mejor es que termine con mi vida de una vez. Me voy a suicidar —volví a decirme—. Pero no quiero ir al infierno. He estado trabajando por ti todos estos años, Señor y —al menos— quiero tener algo en retribución. Si el infierno es peor que este lugar, ¿por qué tengo que ir allí? Pero no puedo seguir en una situación como esta. Voy a cometer suicidio. Pero por favor, Señor, acepta mi alma y llévame al cielo».

El impacto de esa oración fue mucho más poderoso de lo que hubiera imaginado. Escuché una voz que me decía: «Eres un cobarde. Deseas suicidarte y convertirte en un sujeto ridículo. ¿Deseas ser eso o eres tú un hombre de fe?».

«No tengo fe —admití— y soy un cobarde».

La voz me habló de nuevo: «No solamente tú vas a ir al infierno, sino una gran cantidad de tus miembros también, esos que han puesto toda su confianza en ti. Les has pedido dinero prestado a varios ancianos y miembros de la iglesia. Todos ellos han puesto su confianza en ti. Recuerda los miles de dólares que te han prestado varias de las preciosas hermanas de la iglesia. Y ahora te rindes y piensas cometer suicidio.

»Vas a causar una reacción en cadena. Debido a tu cobardía ellos perderán su fe. Sus hogares se desmoronarán y muchos cometerán suicidio. ¡Qué repercusión tendrá tu actitud en el mundo cristiano!».

Esas palabras se derramaron por todo mi corazón. Caí de rodillas y clamé: «¡Oh, Dios!, entonces, ¿qué puedo hacer? ¿Por qué no me dejas morir?».

El Señor me contestó: «Tú no debes morir, porque debes perseverar. Tienes que ver cómo se pagan todas las deudas y cómo todas esas cuentas del pueblo se pagan y se limpian».

Me puse de pie, bajé del séptimo piso a la calle, y me fui a mi oficina. Me arrodillé clamando y llorando. La noticia de mi estado desesperado comenzó a correrse entre el pueblo. Súbitamente los creyentes experimentaron un reavivamiento de la fe, incluso aquellos que se habían alejado de la iglesia. «¡Salvemos a nuestro predicador! —decían—, ¡Salvemos al hombre de Dios!».

Así dio comienzo un gran movimiento que llamaron «¡Salvemos a nuestro pastor!». Era un invierno muy frío y no teníamos calefacción, pero los creyentes empezaron a llenar por miles el recinto de la iglesia, que aún no estaba terminada. Miles de ellos oraron y ayunaron muchas noches. Oraban y lloraban, repitiendo: «¡Salvemos al hombre de Dios! ¡Salvemos a nuestro pastor!».

Entonces Dios comenzó a moverse entre su pueblo. Las mujeres comenzaron a cortarse sus largos cabellos y los traían a la iglesia para que se vendieran a los fabricantes de pelucas. Un día presenciamos una escena conmovedora. Una anciana viuda, que no tenía hijos ni bienes de ninguna especie, y vivía solo de la ayuda social del gobierno, se acercó a la plataforma llorando y temblando. Traía un viejo tazón para arroz, un par de palillos chinos y una vieja cuchara.

Cuando se paró ante el público, dijo llorando: «Pastor, quiero verlo a usted libre de esa deuda. Quiero verlo aliviado, porque su ministerio ha sido de mucha bendición para mí durante muchos años. Yo quiero hacer algo, pero no tengo nada de dinero. Esto es todo lo que tengo, este viejo tazón, estos palillos y esta cuchara. Pero deseo darlo todo para la obra del Señor. Puedo comer con mis dedos».

Mi corazón se rompió. «Señora —le dije— no puedo aceptar esto. ¡Es todo lo que usted tiene! Usted lo necesita para comer su alimento diario. ¡Yo no puedo aceptarlo!».

Ella rompió a llorar, diciendo: «¿No puede Dios aceptar este regalo de una pobre vieja que se está muriendo? Sé que esto no vale nada, pero quiero darlo para ayudarlo a usted aunque sea un poquito».

De pronto, un hombre de negocios se puso de pie, y habló diciendo: «Pastor, yo quiero comprar esos artículos». Y el hombre dio un cheque de casi 30.000 dólares por el tazón, los palillos y la cuchara.

Eso encendió el fuego. La gente comenzó a vender sus casas y a mudarse a apartamentos pequeños. Hubo matrimonios jóvenes que dieron el salario de todo un año para la iglesia, decididos a vivir por fe durante todo ese tiempo.

Ese gran movimiento empezó a dar resultados. El dinero llegaba a nuestras arcas y podíamos ir pagando los intereses del préstamo. Los bancos comenzaron a abrirnos sus puertas. Asombrosamente, en el lapso de un año, todo fue solucionándose. Pagamos todas las deudas y para 1973 estábamos completamente libres de ellas. No solo pagamos los intereses, sino el monto total de los cinco millones que invertimos en edificar la iglesia y el complejo de apartamentos.

Dios demostró una vez más que la escuela de Andrés es la mejor y que pensar en términos de milagros es la manera como Dios quiere que pensemos.

Mucha gente cree que cuando uno tiene fe las cosas vienen fácilmente, con pocos o ningún problema. Es importante recordar que eso no es así. Veamos a Abraham. El tenía fe, pero soportó la prueba durante veinticinco años. Jacob soportó dificultades y contrariedades por veinte años. José por trece. Moisés por cuarenta. Los discípulos de Cristo soportaron pruebas y tentaciones toda su vida.

Así que no te desilusiones ni te desalientes si llevas semanas, o meses o años de prueba. No dejes caer tus manos, como si estuvieras derrotado, ni llores: «¡Ah! ¿dónde está Dios?».

Dios siempre está allí y te está probando. A veces Dios desea enderezar y fortalecer tu espina dorsal. Otras veces, cuando Dios te está enderezando o fortaleciendo, sientes crujir tus huesos, pero si te afirmas en la Palabra de Dios, y tienes fe, Dios nunca te dejará caer del todo. Para ilustrar esto voy a relatar otra de mis experiencias.

Una vez firmé un cheque con fecha adelantada por 50.000 dólares. El cheque debía ser pagado el 31 de diciembre. Yo empecé a buscar fondos de todas las fuentes posibles, pero no pude conseguir ni un centavo. Si no depositaba ese dinero en el banco en la fecha prometida, los diarios iban a decir que el pastor de la iglesia evangélica más grande de Corea había firmado un cheque sin fondos por una enorme suma.

Eran las doce del día del 31 de diciembre, cuando el dinero debía ser depositado, y yo estaba orando. «Señor, he gastado todo mi dinero, más del que tenía. He pedido prestado a mucha gente. Padre, ¿dónde puedo ir? Ya no tengo lugares a donde acudir a pedir plata».

Seguí orando. El reloj dio la una de la tarde; luego las dos; luego las tres. Mi esposa me llamó y me dijo:

—¡Querido! ¿Has conseguido el dinero?

—No —le respondí.

Entonces ella me dijo:

—¿Sabías que el último avión sale de Seúl a las cuatro de la tarde? ¡Es tu última oportunidad para escapar a Estados Unidos!

—No puedo hacer eso. No puedo huir de mis responsabilidades. No puedo escapar. Si lo hago, caerá una gran mancha sobre el nombre de Cristo —terminé—. Prefiero aceptar cualquier consecuencia aquí en Corea que escapar a otro país.

El banco cerraba a las seis de la tarde y ya eran las cinco. Me desesperé. No podía sentarme ni permanecer de pie. Solo daba pasos y me devolvía, iba y venía de un lado al otro como león enjaulado. Nuevamente oré: «¡Oh, Señor, socórreme!».

De repente, el Espíritu Santo hizo surgir un pensamiento en mi mente. Me dijo que yo debía ir a ver al presidente del banco y pedirle osadamente un cheque por 50.000 dólares. «¡Padre! —exclamé—, tengo que haberme vuelto loco. Me he calentado tanto la cabeza que debo estar demasiado sobrecargado. No tengo nada que dar de garantía o poner en hipoteca. No he llenado ninguna solicitud de crédito. ¿Y tú me dices que vaya al presidente del banco y le pida fríamente un préstamo de 50.000 dólares? ¡Esto es una locura absolutamente extraña!».

Sin embargo, el Espíritu Santo seguía insistiendo: «Es cierto, yo suelo hacer cosas completamente ilógicas. Así que ve y haz lo que te digo».

Entonces llamé al tesorero de la iglesia.

—Señor Frank, ¿iría usted al banco conmigo? Voy a pedirle un préstamo de 50.000 dólares al presidente de esa institución.

El tesorero me miró y empezó a reírse:

—¿Se ha vuelto loco, pastor? Estamos a 31 de diciembre. Son las cinco de la tarde. No tiene cita con el presidente del banco y la gente debe estar haciendo fila para hablarle. Además, usted no tiene ningún capital, ni tiene segunda firma ni garantía de nadie. No ha hecho ninguna solicitud. ¡Es una locura! Yo no quiero ir con usted. Si quiere ir a hacer el ridículo, vaya usted solo. Yo no.

—Está bien —le respondí—, yo voy a ver al presidente con una mente renovada. Usted se queda aquí con su mente tradicional.

Subí al auto y corrí al banco. El estacionamiento estaba lleno, pero pude encontrar un puesto donde estacionar y entré al establecimiento.

Hablando en términos humanos, no tenía ninguna posibilidad de hablar con el ejecutivo. La oficina de la secretaria estaba llena de gente. «Querido Espíritu Santo —dije—. He llegado hasta aquí. Por favor, dame más instrucciones».

El Espíritu me contestó: «Camina audazmente. Pórtate con valentía. Actúa como si fueras un gran personaje. No prestes atención a nadie, vete directo a la oficina del presidente».

De modo que me hice el valiente y caminé con toda determinación. La secretaria me vio y me dijo:

—Señor, ¿a dónde va usted?

La miré fijamente a los ojos, pero no dije nada. Ella volvió a preguntarme:

—¿Quién es usted, señor? ¿Tiene cita con el presidente? ¿Cómo se llama?

De repente me vino la inspiración.

—Vengo de parte de la más alta autoridad —respondí.

Quería decirle que yo venía de parte de Dios, pero ella entendió que yo venía de parte del presidente de Corea, porque en Corea —al presidente— se le llama «la más alta autoridad». Ella creyó que yo era un emisario especial del presidente, por lo que cambió de actitud. Se volvió toda amabilidad y me dijo:

—¿Viene de parte de la más alta autoridad? Entonces puede verlo.

Y dirigiéndose a toda la gente que esperaba, dijo:

—Dejen pasar a este señor.

Ella misma me guio, delante de todos, hasta la oficina del presidente. Mientras pasaba la puerta, oré de nuevo.

«Querido Espíritu Santo. He llegado hasta aquí. ¿Qué debo hacer ahora?». El Espíritu del Señor vino sobre mí, tal como lo hizo con otros hombres de fe, y me sentí fuerte y audaz.

El Espíritu me repetía al oído. «Eres un hijo del Rey, una persona importante. Sigue actuando como el gran personaje que eres».

De modo que entré osadamente, me senté en el sofá y crucé las piernas.

El presidente del banco dio un par de pasos hacia mí, me tendió la mano y me preguntó sonriente:

—¿Qué clase de negocios tiene usted? ¿Con qué propósito ha venido? ¿Acaso lo conozco?

No respondí a ninguna de sus preguntas, pero en cambio le dije:

—Señor, he venido aquí con un tremendo proyecto y voy a hacerle un gran favor a usted.

—¿Un gran favor a mí? —preguntó extrañado.

—Sí. Si usted me hace un pequeño favor, yo puedo traerle a usted diez mil cuentas nuevas a principio del año —le dije.

—¡Diez mil cuentas nuevas! —exclamó.

—Levante el teléfono y llame a la policía. Pida información acerca de mi persona. Pregunte por Yonggi Cho, pastor de la iglesia evangélica más grande de Corea. Mi iglesia tiene más de diez mil miembros, y poseo gran autoridad sobre todos esos cristianos. Puedo hacer que todos ellos transfieran las cuentas de sus bancos al suyo el primero de enero. Puedo hacerle ese favor a usted, si usted me hace uno a mí.

El hombre llamó a su secretaria para que hiciera todas las averiguaciones pertinentes. Cuando todos los datos estuvieron confirmados, el presidente se dirigió a mí para decirme:

—¿Cuál es el favor que puedo hacer por usted?

—Deme un cheque por cincuenta mil dólares —le dije—. No tengo tiempo para llenar todo el papeleo. Pero usted es un hombre de negocios y yo estoy en los negocios del Rey. Muchas veces el hombre de negocios entra en un gran compromiso sin nada, guiado solo por su fe y su confianza de que tendrá éxito. Cuando se trata de pequeños negocios tenemos que hacerlo todo con firmas y papeles, pero cuando se trata de grandes negocios, pasamos por encima de esas nimiedades, y confiamos en que el trato será coronado por el éxito. Si usted es un gran hombre de negocios —y yo creo que lo es— entonces hará esto por mí.

El presidente consultó con el vicepresidente y este le dijo:

—Usted no puede hacer eso. Si lo hace, está arriesgando su cabeza. No se trata de cinco mil. ¡Se trata de cincuenta mil dólares! Y este señor no tiene ni garantías ni papeles de ningún tipo. ¡Usted no puede hacer eso!

—Si usted no lo hace —interrumpí—, entonces tengo otros lugares a dónde ir. Podría hacerle este mismo favor al Chohung Bank.

El presidente se sentó y sacudió su cabeza. Después dijo:

—Siento algo extraño. Nunca antes he sentido esta clase de emoción en mi vida. Confío en usted. Usted es una persona audaz y me agrada su fe. Voy a poner mi carrera y mi vida en sus manos al hacer esto y, después de hoy, jamás lo haré con otra persona. Pero por esta vez, me voy a jugar la cabeza.

Y dirigiéndose al vicepresidente dijo:

—Tráigame un cheque por cincuenta mil dólares. Confío que este señor cumplirá su promesa. Y me extendió un cheque por cincuenta mil dólares que sacó de su cuenta personal.

Cuando salí de la oficina con el cheque en la mano me sentía un gigante. De nuevo estaba en la escuela de Andrés. Deposité el dinero justo a las seis de la tarde, cuando ya el banco cerraba, y me salvé.

Muchas veces Dios espera hasta el último momento. Una vez que renuevas tu mente, y aprendes a caminar con Dios, debes ser perseverante hasta el último momento. Y no le tengas temor a nada.

Renueva tu vida pensante. No te limites a tu manera tradicional de pensar. Estudia la Palabra de Dios. Este es el libro de texto que renovará tu mente y llenará tu cabeza con pensamientos positivos. ¡Te enseñará a pensar en términos de milagros!

ENFOCA TU MENTE EN EL ÉXITO CON DIOS

El tercer paso hacia una mente totalmente renovada es una actitud enfocada por completo en el éxito. Debes saturar tu mente con una conciencia de victoria y de abundancia. Dios nunca falla. De modo que si lo que estás recibiendo son pensamientos de Dios, siempre serás un triunfador.

Dios nunca pierde una batalla porque es el eterno vencedor. Así que debes vivir con la permanente conciencia de la victoria.

Este estado de conciencia es sumamente importante. Si tienes conciencia de tu inferioridad, de tu pobreza, de tu enfermedad o de tu fracaso, Dios nunca podrá obrar en ti.

Dios es tu ayuda. Dios es tu abundancia. Dios es tu triunfo. Dios es tu victoria. Si dos hombres no pueden ponerse de acuerdo nunca, ¿cómo pueden trabajar juntos? De modo que, para andar y trabajar con Dios, tienes que injertar en tu conciencia la clase de conciencia divina.

¡Renueva tu mente! Piensa constantemente en términos de éxito, de victoria, de abundancia. Cuando hayas renovado completamente todo tu sistema pensante, recibirás el *rhema* de Dios. Asimila osadamente la Palabra de Dios y satura con ella tus pensamientos. La Palabra de Dios, por medio de la oración, produce fe, y con esa fe engendrada por la Palabra de Dios podrás poner tu rostro muy en alto. Mira únicamente al Señor. Aun cuando no estés sintiendo nada; aun cuando no palpes nada todavía; aun cuando tu destino parezca un pozo oscuro en medio de la noche, no tengas miedo. Estás viviendo por el conocimiento de la revelación. Estás viviendo con la fuerza de los nuevos pensamientos, los pensamientos de Dios, los pensamientos de su Palabra, la Biblia.

Jesucristo es el mismo, ayer, y hoy y por los siglos. Jehová Dios nunca cambia y la Palabra de Dios nunca deja de cumplirse.

No podemos vivir únicamente de pan, sino también de la Palabra de Dios. Somos los justos hijos de Dios y debemos vivir por fe. En Jesucristo no hay diferencia, sea uno blanco o negro, rojo o amarillo, porque todos pertenecemos a una raza, la de Jesucristo. Y debemos vivir de acuerdo al pensamiento de Cristo. De modo que renueva tu mente y reeduca tu vida pensante.

Piensa en grande. Fija grandes objetivos. Tienes una sola vida, de modo que no rasques el polvo de la tierra, viviendo con una conciencia de fracaso. Tu vida es preciosa para el Señor, por lo que debes hacer una buena contribución a este mundo. Jesucristo habita gloriosamente en cada cristiano, por lo tanto posees un recurso inagotable dentro de ti.

Cristo es tan poderoso hoy como lo fue dos mil años atrás. Puedes renovar tu forma de pensar injertando los pensamientos de Jesucristo en tu corazón, pensando positivamente, pensando en términos de milagros y desarrollando un enfoque en el éxito de la victoria y la conciencia de la abundancia. Esto proporciona una base desde la cual puedes ver la Palabra de Dios en tu mente, renovándola por completo. Entonces verás ocurrir grandes milagros.

LA LEY DEL PENSAR Y PEDIR

En Efesios 3:20 leemos: «A Aquel que es poderoso para hacer todas las cosas mucho más abundantemente de lo que pedimos o entendemos, según el poder que actúa en nosotros». Llamo a este principio la ley del pensar y pedir. Muchas personas piensan que recibirán solo con pedir. La Biblia, sin embargo, dice «pide o piensa». Dios da respuestas a través de tu vida pensante, mucho más abundantemente de lo que pedimos o entendemos».

¿Qué es lo que piensas? ¿Piensas en la pobreza? ¿Piensas en enfermedades? ¿Piensas en imposibilidades? ¿Piensas siempre negativamente? Si piensas en esta forma, Dios no posee ningún cauce en ti para fluir a través de tu vida.

¿A qué se parece tu vida pensante? ¿La has renovado completamente? Dios está dispuesto a obrar abundantemente en tu vida, pero será por medio de la renovación de tu pensamiento.

Debes leer la Biblia. Pero no por costumbre o por prescripción religiosa. No la leas para encontrar nuevas formas legalistas de vivir. No leas la Biblia por tradición histórica. Léela para alimentar tu mente y cambiar por completo todo el orden de tus pensamientos, para renovar,

totalmente, tu vida pensante. Llena tu pensamiento con la
Palabra de Dios. Entonces Dios podrá fluir libremente a
través de tu vida y hacer grandes cosas por medio de ti
para su gloria.

CAPÍTULO 6

La dirección de Dios

CUANDO NOS CONVERTIMOS al evangelio, no solo necesitamos reenfocar nuestra vida pensante, meditando ahora en términos de milagros y desarrollando una orientación hacia el éxito, sino que necesitamos también estar conscientes de nuestra fuente de poder y capacitación.

LA CONFUSIÓN

En 1958 comencé mi primera obra evangelística en la peor y más pobre zona de nuestra ciudad. No estaba entrenado ni capacitado para esa clase de ministerio. En menos de tres meses se me habían acabado todos los sermones y, pasada esa fecha, ya no tenía nada que predicar.

Es fácil decir que, tratándose de ti, sencillamente irías y expondrías la historia de la salvación. Pero no puedes hablar de salvación solamente, día y noche. Para preparar un solo sermón me pasaba toda la semana leyendo la Biblia, desde el Génesis al Apocalipsis, consultando una pila de comentarios bíblicos, pero no conseguía hacer ningún mensaje que valiera la pena. Es más, sentía que no había sido llamado al ministerio porque era incapaz de preparar suficientes sermones.

A la pobre gente de mi barrio no le preocupaba mucho el cielo ni el infierno. Vivían procurando subsistir, por lo que esa era su mayor preocupación y angustia. No tenían tiempo para pensar en el futuro. Dondequiera que yo iba me pedían ayuda para comprar arroz, o ropa para cubrirse, o para comprar algunas tiras de cartón para hacerse una chocita donde guarecerse. Pero yo no estaba mejor que ellos, porque también vivía en una choza de cartón, vestía muy humildemente y comía una vez al día, cuando tenía alimento. No tenía nada que darles.

Estaba en una situación desesperante. Era consciente de que Dios tiene todos los recursos imaginables pero, en ese entonces, no sabía la manera en que podíamos obtener esos recursos. Pasaba momentos en que me parecía estar muy cerca del Señor. Incluso que lo tocaba. Pero al día siguiente me sentía completamente desamparado.

En ocasiones me sentía muy confundido y me preguntaba si realmente estaba viviendo en el Espíritu Santo. A veces decía: «¡Oh, Señor, sé que estoy en Cristo Jesús!». Pero cuando pasaba un día difícil, lleno de contrariedades, me daba cuenta —por la noche— de que no tenía fuerzas para orar al acostarme y perdía el contacto con el Señor. Trataba de orar diciendo: «Padre, estoy confundido. Estoy contigo y no estoy, y no sé cómo mantenerte a mi lado».

Entonces comenzó mi lucha por hallar la permanente presencia de Dios.

Los orientales, en particular, requieren conocer el domicilio, la dirección, del dios al que adoran. La mayoría de ellos crecen bajo el paganismo, por lo que necesitan saber dónde se encuentran los templos de sus dioses para ir allí y adorar sus imágenes. Cuando yo era pagano, y necesitaba hallar a mi dios, iba a un templo dedicado a él, me arrodillaba delante de su ídolo y me dirigía a él directamente. Tanto en el paganismo como en el catolicismo uno necesita saber dónde se encuentra su dios, cuál es el nombre y la dirección de tal templo o capilla y la imagen que allí se adora.

Sin embargo, cuando me convertí al evangelio no podía localizar la dirección de Dios. Eso siempre fue un gran problema para mí. En la oración del Padrenuestro yo podía repetir «Padre nuestro que estás en los cielos...». Y podía razonar: «Bueno, pero, ¿dónde está el cielo?». Dado que la tierra es redonda, para la gente que está viviendo en la parte de arriba, el cielo puede decirse que está encima. Pero para la gente que está viviendo en la parte inferior el cielo, forzosamente, está abajo.

Así que, siempre que oraba diciendo: «Padre nuestro que estás en los cielos», me confundía. «Padre, ¿dónde estás? —preguntaba—. ¿Estás allí o aquí? ¿Dónde? Por favor, Padre, dame tu dirección».

Por lo tanto, cuando los orientales se convierten al evangelio tienen una gran lucha porque no pueden hallar el domicilio de Dios. Muchos de ellos al convertirse, acudían a mí y me decían: «Pastor Cho, denos por lo menos alguna figura, alguna imagen a quien dirigimos. Usted nos dice que debemos creer en Dios, pero ¿dónde está?».

En los inicios de mi ministerio les decía: «Solo hablen al Padre celestial. Yo no conozco su domicilio ni la dirección de su casa. Unas veces se me presenta y otras se oculta».

A menudo me ponía a llorar, porque me daba cuenta de que no podía seguir predicando así. Necesitaba tener una dirección definida. De modo que me empeñé en buscar el domicilio de Dios, la dirección suya.

Usando mi imaginación, comencé a preguntarles a varios personajes bíblicos la dirección de Dios. El primero fue Adán. Me acerqué a él y le dije:

—Señor Adán. Sé que usted es nuestro primer progenitor. Sé que usted hablaba con Dios cara a cara y estoy seguro de que conoce su dirección. Por favor, ¿podría decirme cuál es la dirección del Padre celestial?

Entonces Adán, con toda cortesía, me contestó:

—Bien, él habita en el jardín de Edén. Si vas allí, podrás encontrar su dirección.

—Cuando usted cayó de la gracia —proseguí—, fue echado de ese jardín. ¿Cuál es la dirección de ese lugar?

—La verdad es que no lo sé —me respondió Adán.

Entonces decidí, siempre en mi imaginación, visitar a Abraham. Estaba desanimado pero llegué hasta el anciano y le dije:

—Señor Abraham, usted es el padre de la fe y hablaba a menudo con Dios. Por favor, ¿me daría la dirección del Padre celestial?

—Bueno, hijo —me contestó Abraham—, cada vez que necesitaba hablar con Dios, levantaba un altar y sacrificaba un animal. A veces aparecía y se reunía conmigo. Pero otras veces no. De modo que no conozco su dirección.

Entonces dejé a Abraham y fui a ver a Moisés. Al verlo le pregunté:

—Señor Moisés, seguramente conoce la dirección de nuestro Padre celestial, porque estaba en presencia de él continuamente.

—Por supuesto que la conozco —dijo Moisés—. Él estaba en el tabernáculo que levantamos en el desierto. Durante el día estaba en una columna de humo y por la noche en una de fuego. Así que vete al desierto de Arabia y podrás encontrar a Dios. Esa es su dirección.

—Pero —objeté— cuando los israelitas entraron en la tierra de Canaán, el tabernáculo del desierto desapareció. ¿Dónde está ahora ese tabernáculo?

—Yo no lo sé —dijo Moisés.

Más desanimado aun fui a ver al rey Salomón. Le dije:

—Rey Salomón, usted edificó un magnífico templo de granito rojo. Así que ¿conoce la dirección de Dios?

—Por supuesto que la conozco. Él habita en el maravilloso templo del rey Salomón —me respondió—. Cuando alguna plaga o peste castigaba el país, la gente acudía al templo y adoraba al Dios que habitaba allí. Dios los escuchaba y respondía sus oraciones.

—¿Dónde está ese templo ahora? —pregunté—. Entiendo que fue destruido por los babilonios en el siglo sexto antes de Cristo. No sabemos la dirección.

—Bueno, hijo, lo siento —me replicó Salomón—. Ese templo fue destruido e ignoro su dirección.

Entonces acudí a Juan el Bautista y le dije:

—Don Juan Bautista, seguramente conoce la dirección de Dios.

—Sí —replicó Juan—. Mira al Cordero de Dios que quita el pecado del mundo. Esa es la dirección de nuestro Dios.

De modo que en el viaje que hice tratando de hallar la dirección de Dios, vine a dar con Cristo Jesús. Seguramente que en Jesús podía hallar a Dios. Dios habla a través de Jesús y por medio de su Hijo realiza milagros. Dondequiera que Jesús esté, también está Dios.

Me regocijé profundamente por haber hallado la dirección de Dios. Pero enseguida brotó otra duda en mi corazón. Jesús murió, resucitó y ascendió a los cielos. Entonces, ¿dónde está la dirección de Jesucristo? Otra vez volvía al punto de partida. Le pregunté: «Jesús, ¿dónde estás? No sé tu dirección y no puedo decirle a mi pueblo donde es tu domicilio».

LA SOLUCIÓN

Entonces me llegó la respuesta. Jesús dijo: «Yo he muerto, y he resucitado, y he enviado mi Espíritu Santo a todos mis seguidores. Yo te he dicho que nunca te dejaré huérfano. He dicho que iba a orar a mi Padre y que él les enviaría otro Consolador, el Espíritu Santo; y que en ese día, sabrías que yo estoy en el Padre y el Padre en mí, y yo en ti así como tú en mí».

Poco a poco empecé a ver que a través del Espíritu Santo, Dios el Padre y Dios el Hijo habitan en mí. Leí en la Segunda Carta a los Corintios que Dios ha enviado el Espíritu de su Hijo a nuestros corazones. De forma que encontré la dirección de Dios. Me di cuenta de que la de Dios es mi propia dirección.

Así que fui a buscar a mis hermanos cristianos y les prediqué decididamente: «Podemos hallar la dirección de Dios» —les dije—. Ya la encontré. Es la misma dirección mía. Él habita en mí con todo poder y autoridad. Por medio del Espíritu Santo, Dios el Padre y Dios el Hijo habitan en mí. Dios va conmigo adondequiera que yo voy.

»Y también habita dentro de ustedes. De modo que su dirección es la misma de ustedes. Si están en sus hogares, Dios está allí. Si van a su lugar de trabajo, Dios va también allí. Si trabajan en la cocina, Dios está en la cocina.

Dios habita en ustedes y todos los recursos de Dios están en ustedes.

»Hermanos —continué predicando—, no tengo plata ni oro, no tengo arroz ni ropa, pero tengo algo que enseñarles: Dios habita dentro de ustedes. Todos aquellos que no lo tengan todavía, vengan a Cristo, recíbanle como único y suficiente Salvador, y el Creador de los cielos y la tierra —con todos sus recursos— habitará dentro de ustedes, dentro de sus corazones. Él va a suplir todas las necesidades que tengan». Con este mensaje comencé a desarrollar la fe de ellos.

Este fue el punto inicial de mi verdadero ministerio. La piedra fundamental de mi vida de predicador. Hasta ese momento estuve tratando de encontrar a Dios en un lado y en otro. Cuando venían evangelistas famosos yo corría a escucharlos, tratando de encontrarlo a él. Unas veces subía a una montaña, para orar a solas. Otras veces bajaba a un valle. Buscaba por todas partes, tratando de hallar a Dios. Pero después de conocer esta verdad, ya no vacilé más. Hallé la dirección y la ubicación de Dios.

Entonces le dije a mi gente: «Dios no está a miles de leguas de aquí. Él no es un Dios que se ha quedado dos mil años atrás. Tampoco es un Dios que está en el futuro. Nuestro Dios habita en nosotros, con todos sus recursos, su poder y su autoridad. Así que su dirección es la misma de nosotros. Por tanto, ustedes pueden orar y hablar con él todos los días, a cualquier hora. Pueden tocarlo y obtener todos sus recursos por medio de la fe y la oración. Cuando ustedes claman, Dios oye. Cuando oran o hablan suavemente, Dios también escucha. Cuando ustedes simplemente meditan sin pronunciar palabra, Dios también los oye, porque él habita dentro de ustedes. Además, él suple todas sus necesidades».

Después de la Guerra de Corea, cuando los misioneros salieron a trabajar para el Señor, asistí a muchas reuniones de comité. La mayoría de los ministros coreanos tenían toda clase de proyectos. Querían edificar iglesias, fundar institutos bíblicos. Discutían mucho entre ellos acerca de cómo solucionar sus propios problemas. Pero apenas se ponían a hablar de finanzas decían: «¡Ah, en cuanto a esto es mejor que venga un misionero y se encargue del asunto». Para ellos los misioneros solo eran financistas.

Como sentí mucha pena en el corazón, les dije:

—Hermanos, ¿por qué siempre recurren a los misioneros?

—Porque Dios siempre nos envía fondos a través de ellos —respondieron—, no a través de nosotros mismos.

A pesar de esas ideas prevalecientes entre los ministros, cuando egresé del instituto bíblico estaba decidido a hacer de Dios la única fuente de mis recursos. Descubrí que él vivía en mi corazón, con todos los caudales financieros que me hacían falta. Y supe cómo conseguir los recursos con él. De forma que, en estos últimos años de ministerio, no he dependido de nadie más.

He cruzado el Océano Pacífico más de cien veces, para ministrar en países extranjeros. Nunca he pedido un solo centavo a ninguna iglesia. He expresado aprecio por el envío de misioneros a Corea, pero nunca he pedido ayuda financiera a las iglesias foráneas.

He dependido de Dios siempre, en lo mucho y en lo poco, siempre ha suplido mis necesidades: la edificación de la iglesia, el envío de misioneros a países fuera de Corea, la construcción del instituto bíblico y otros emprendimientos que Dios nos ha planteado.

Colaboramos con la construcción de la Universidad Bíblica de las Asambleas de Dios en Corea y aportamos medio millón de dólares por parte de nuestra iglesia. Sin duda alguna, Dios suple nuestras necesidades.

EL DESAFÍO

Deseo imprimir en tu corazón esta verdad: tienes dentro de ti, todos los recursos que necesitas, en este mismo momento. No mañana, no ayer. ¡Hoy mismo! Tienes todo lo que es de Dios, que habita dentro de ti. Dios no está durmiendo. Dios nunca toma vacaciones. Dios está ahí mismo, para trabajar por tu salvación. Él nunca obra sin revelarse a tu pensamiento, sin manifestarse a través de tu visión, sin venir a través de tu fe. Tú eres el cauce o el canal de Dios.

Puedes decir: «¡Oh, Dios trabaja activamente en el universo y a través de todas las cosas!». Y él te contestará: «No, yo habito dentro de ti. Y nunca manifiesto mi poder si no es a través de ti».

Tú eres el cauce. Tú tienes toda la responsabilidad. Si no desarrollas tu manera de creer para cooperar con Dios, entonces él se verá limitado, al menos en lo que a ti respecta y en cuanto a la vida de aquellos que dependen de ti. Dios será tan grande como tú le permitas que sea y tan pequeño como lo obligues a ser.

Cuando los pecadores acuden al Señor, derrotados y vencidos, lo primero que hago es enseñarles que Dios habita en ellos, y que ellos pueden disponer de todos los recursos de Jesucristo. Entonces los reeduco, para que tengan un corazón que coopere con Dios. Uno tras otro, sin excepción, descubren una nueva fe que los lleva a una vida fructífera, victoriosa y novedosa.

Si toda esa gente anduviera en medio de la pobreza, fracasados y vencidos, ¿cómo habrían podido dar veinte millones de dólares a la iglesia en ocho años, desde 1969 a 1977? Cada año tenemos proyectos que requieren de uno y medio a dos millones de dólares. Los miembros de mi iglesia pueden dar porque sus vidas han sido enriquecidas. Tienen tremendos éxitos, porque saben cómo obtener los recursos. Pero primeramente deben limpiarse de todos los pecados.

Mucha gente lucha con cuatro pecados de la carne que deben ser eliminados antes que el cristiano pueda trabajar activamente para Dios. Si no desechan esos pecados de sus vidas, los canales seguirán obstruidos, por lo que Dios no podrá fluir libre y abundantemente a través de ellos. Hay cuatro cosas que he descubierto como resultado de muchos años aconsejando a la gente. Son las siguientes.

EL PECADO DEL ODIO

La gente sufre a causa del odio, el primer pecado del que hablaremos. Si mantienes el odio en tu corazón, nunca podrás tener a Dios fluyendo a través de ti. Pero ese odio, ese espíritu que no perdona, será el enemigo número uno de tu vida espiritual. En Mateo 6:14-15, Jesús destaca este pecado: «Porque, si perdonan a otros sus ofensas, también los perdonará a ustedes su Padre celestial. Pero, si no perdonan a otros sus ofensas, tampoco su Padre les perdonará a ustedes las suyas».

Cuando predico cuatro veces por la mañana el domingo, quedo usualmente tan cansado que no tengo ganas de ver a nadie. Si alguien desea verme, tiene primero que consultar a mis secretarias. Ellas escrutan cuidadosamente a cada solicitante. Si alguien consigue llegar hasta mi puerta, es que verdaderamente está en gran necesidad.

Un día, después de terminado el cuarto culto de la mañana, un hombre llamó a la puerta de mi oficina.

Abrí la puerta y el hombre entró. Pensé que quizá estaba borracho, porque caminaba tambaleante. Se sentó en una silla y sacó un objeto de su bolsillo. Era una filosa daga. Yo me asusté: «¿Qué han hecho esas muchachas dejando entrar a este tipo aquí?», pensé. «Está enfrente de mí con esa daga en la mano y ellas lo dejaron entrar».

Yo estaba realmente asustado. De modo que cuando él empuñó firmemente la daga, sacando ánimos de no sé de dónde, le dije:

—No use esa arma. Dígame más bien a qué ha venido.

El hombre respondió:

—Señor voy a cometer suicidio. Pero primero voy a matar a mi esposa, a mi suegro, a mi suegra y a todos los que me rodean. Un amigo me aconsejó que viniera a su iglesia esta mañana y que lo escuchara predicar antes de hacer lo que pienso. Por eso vine y asistí al cuarto servicio. Escuché todo atentamente, pero no pude entender ni una sola palabra, porque usted habla con mucho acento provinciano, del sur. No pude entender su acento ni captar ninguna de sus palabras. De modo que, después de escucharlo a usted, voy a ir a mi casa, y voy a dar cumplimiento a todos mis planes. Soy un hombre moribundo. Tengo tuberculosis y toso de continuo. La verdad es que me estoy muriendo.

—Cálmese —le dije—, siéntese aquí y cuénteme su historia.

—Bien —dijo el hombre—, en la última etapa de la guerra en Vietnam yo era técnico mecánico y manejaba un *bulldozer*. Trabajé en todos los frentes de batalla haciendo *bunkers*, caminos y otras cosas. Arriesgaba mi vida para hacer más dinero. Todo lo que ganaba se lo enviaba a mi esposa. Cuando la guerra terminó, apenas tenía lo suficiente como para salir de Vietnam.

»Así que le envié un telegrama a mi esposa desde Hong Kong, anunciándole mi llegada. Cuando llegué al aeropuerto de Seúl esperaba verla a ella con los chicos. Pero cuando bajé del avión no vi a nadie. Pensé que quizá no había recibido mi telegrama. Pero cuando llegué a mi casa, hallé a unos extraños viviendo en ella.

»Supe que mi esposa se había ido con un hombre más joven. Me había abandonado, llevándose todos mis ahorros, y andaba de juerga con el otro hombre. Además, se mudó a otra parte de la ciudad. Fui a verla y le rogué que volviera conmigo. Pero ella se negó terminantemente.

»Fui a ver a mi suegro y a mi suegra para exponerles el caso. Ellos solo me dieron cuarenta dólares y me dijeron que me fuera de su casa. En menos de una semana tenía en mi corazón un odio ardiente, tanto que comencé a vomitar sangre. La tuberculosis me está matando velozmente y no hay esperanzas para mí. Voy a matarlos a todos y después me voy a suicidar.

—Mi amigo —le dije— esa no es manera de llevar a cabo su venganza. La mejor forma es que usted mismo se sane, encuentre un nuevo trabajo, forme un hogar mejor y más hermoso, y luego les muestre todo eso a ellos. De ese modo usted logrará una venganza formidable. Pero si los asesina a todos, y después se mata usted, no habrá satisfacción para nadie.

—¡Los odio a todos! —gritó.

—Si usted los odia de esa manera, se destruirá a sí mismo. Porque cuando uno odia se hace más daño uno mismo que a los demás . ¿Por qué no prueba con el evangelio de Jesús? —le dije—. Cuando Jesús entra en su corazón, todo el poder de Dios llega a usted y habita en su corazón. El poder de Dios comienza a fluir desde usted. Dios lo tocará, lo sanará y restaurará su vida. Usted puede reconstruir su vida enteramente, lo cual será una venganza fantástica para usted y un bochorno espantoso para sus enemigos.

Lo envié a la Montaña de oración y el hombre aceptó a Cristo como su salvador. Pero todavía no podía perdonar a su esposa. Así que le sugerí que la bendijera.

—La mejor manera de perdonar a la esposa es bendecirla —le dije—. Bendiga su espíritu, su alma, su cuerpo y su vida. Ore que Dios abra la puerta del cielo y derrame bendiciones sobre ella.

—¡No puedo bendecirla! —exclamó—. No la maldigo, pero tampoco puedo bendecirla.

—Si usted no la bendice —le dije— nunca podrá ser sanado. Cuando usted bendice, las bendiciones brotan de usted, y salen de usted, por lo que usted será más bendecido que ella a causa de sus palabras de bendición. En Corea tenemos un viejo proverbio que dice: «Si quieres ensuciarle la cara a tu vecino con fango, debes ensuciarte la mano primero». Si usted maldice a su esposa, lo primero que tocará la maldición serán sus labios. Pero si la bendice, la palabra de bendición brotará de su corazón, pasará a través de sus labios, y usted será el primer bendecido. De modo que, amigo mío, vaya y bendígala.

Entonces aquel hombre se sentó y comenzó a orar por su mujer. Al principio le rechinaban los dientes. Empezó a orar balbuceando: «¡Oh, Dios... bendigo... a mi esposa. Bendícela tú también... y sálvala... ¡Oh, Dios!... dale una bendición».

Se fue y siguió orando por su esposa, pidiendo bendiciones para ella. En menos de un mes se había sanado de la tuberculosis y era una persona totalmente cambiada. El poder de Dios había comenzado a fluir de él y su rostro resplandecía.

Cuando lo volví a ver al mes siguiente, me dijo emocionado: «Oh, pastor Cho, cómo me regocijo en el Señor. Alabo a Dios porque ahora aprecio realmente a mi esposa, porque fue a causa de su abandono que encontré a Jesús. Oro por ella cada día. He renovado mi licencia de chofer de *bulldozers*, tengo un nuevo trabajo, y estoy arreglando una nueva casa, esperando que mi esposa regrese».

Ese hombre realmente alababa a Dios. Estaba reconstruyendo su vida por medio del poder de Dios que fluía a través de él. Estaba curado del espíritu y del cuerpo.

Si no eliminas el odio de tu corazón no puedes realmente estar en comunión con el Señor. Cuando salgas a predicar el evangelio debes ayudar a la gente a comprender primeramente esta verdad.

Un día vino a verme una maestra de escuela. Empezaban las clases y ella estaba sufriendo de artritis. Había acudido a casi todos los hospitales pero no había hallado ninguna mejoría. Puse mis manos sobre ella, oré, reprendí y clamé. Hice todo lo que pude hacer, pero nada sucedió.

Muchas personas han sanado en nuestra iglesia, pero esa mujer no. Empecé a sentirme medio derrotado. Pero un día el Espíritu me dijo: «No clames más. Ora y reprende. No puedo fluir a través de ella porque odia a su antiguo marido».

Yo sabía que ella se había divorciado hacía diez años. Pero mientras la tenía allí, sentada delante de mí, le dije:

—Hermana, divórciese de su marido.

Me miró sorprendida y me dijo:

—Pastor, ¿por qué me dice que me divorcie de mi marido? Usted sabe que nos divorciamos hace diez años.

—No, usted no se ha divorciado todavía —le dije.

—Sí, sí, ¡lo hice! —insistía ella.

—Sí —repliqué, por supuesto que lo hizo. Se divorció legalmente. Pero mentalmente, no se ha divorciado de él todavía. Usted lo maldice cada mañana. Cada día lo maldice y lo odia. Usted nunca se ha divorciado de él en su imaginación. Usted está todavía viviendo con él en su mente, y ese odio está secando sus huesos y destruyéndola. Por eso su artritis es incurable. Ningún doctor podrá curarla jamás.

Ella respondió:

—¡Oh, pero él me hizo tanto mal! Cuando me casé con él nunca tuvo un trabajo. Gastó todo mi dinero. Estropeó mi vida y, por último, me dejó por otra mujer. ¿Cómo puedo amarlo?

—Si lo va a amar o no, es asunto suyo —le dije—; pero si no lo va a amar, va a morir de artritis. Usted será sanada de esa enfermedad únicamente por el poder de Dios, pero ese poder no le va a caer del cielo, como un meteoro.

—¡No! —continué—, Dios está morando dentro de usted y él la sanará. Pero usted obstruye el flujo del poder de Dios con su odio. Por favor, comience a bendecir a su esposo. Bendiga a su enemigo y hágale el bien. Entonces usted crecerá para amarlo y creará un canal a través del cual el Espíritu Santo de Dios fluirá y le tocará.

Ella tenía la misma lucha que el hombre de la tuberculosis. Entonces me dijo entre sollozos:

—No puedo amarlo, pastor. Por favor, perdóneme. No puedo amarlo. Ya no lo odio, pero tampoco lo amo.

—Usted no puede dejar de odiarlo si no empieza a amarlo —repliqué—. Vea a su esposo con su imaginación, tóquelo, dígale que lo ama y bendígalo.

Otra vez estuvo en lucha consigo misma, de modo que oré junto con ella. Ella lloró, rechinando sus dientes. Pero poco a poco empezó a sentir amor por su exesposo y, orando, pidió a Dios que lo bendijera, lo salvara y le diera toda clase de cosas buenas. El poder de Dios comenzó a fluir a través de ella y fue tocada. En menos de tres meses estaba completamente sana de la artritis.

Sí, Dios habita en ti. Pero si no te libras de ese archienemigo —el odio—, el poder de Dios no puede fluir a través de ti.

EL PECADO DEL MIEDO

Mucha gente vive presa del miedo. Es nuestra responsabilidad, como cristianos ayudarla a librarse del temor, el segundo pecado en esta serie de cuatro.

Una vez enfermé de tuberculosis. La contraje porque estaba viviendo constantemente bajo el temor de padecerla.

Cuando estudiaba en la escuela secundaria asistía a una clase en la que debía manipular botellas de alcohol que contenían huesos e intestinos humanos. La sola vista de esas botellas me llenaba de pavor.

Una mañana, el profesor de biología estaba enseñando acerca de la tuberculosis. En esos tiempos no se conocían todavía las drogas milagrosas que tenemos hoy. El profesor nos decía que si uno se enfermaba de tuberculosis, sus entrañas iban a quedar como esos intestinos que veíamos en las botellas.

Habló acerca de los peligros de esa enfermedad pulmonar y terminó diciendo que hay personas que nacen con la tendencia a la tuberculosis. Afirmó que los hombres que tienen hombros estrechos y cuellos largos, son las más propensas a contraer la enfermedad.

Todos los estudiantes comenzaron a estirar sus cuellos y a medirlos, como si fueran cigüeñas. Al observar a mis compañeros vi que yo tenía el cuello más largo de todos. Inmediatamente tuve el presentimiento de que enfermaría de tuberculosis. El temor me oprimió el corazón. Cuando regresé a mi cuarto me miré al espejo. Estuve midiéndome el cuello toda la tarde. El temor me invadió, por lo que empecé a vivir bajo el acuciante temor a la enfermedad.

Cuando cumplí dieciocho años de edad estaba enfermo de tuberculosis. Lo semejante atrae a lo semejante y lo igual genera lo igual. Si andas constantemente con temor, el diablo abrirá una puerta en tu alma para entrar y afligirte. Podríamos decir que el temor es una fe negativa. Debido a que le tenía tanto miedo a la tuberculosis contraje la enfermedad. Y cuando comencé a escupir sangre me dije: «Claro, esto es justamente lo que esperaba».

Había leido en cierta publicación médica de Corea que mucha gente muere por hábito. Yo me preguntaba. ¿Cómo puede la gente morir por hábito? Entonces leí todo el artículo.

Esos médicos, que no eran cristianos, hablaban del importante papel que juega el temor en nuestra vida. Por ejemplo, un hombre de solo cincuenta años de edad, que ya era abuelo, murió de presión alta a una edad en que podía haberla sobrepasado fácilmente. El hijo de él, cuando llegó a los cincuenta años, también murió de presión alta. Ahora el nieto vive con el constante temor de morir por lo mismo cuando llegue al medio siglo.

Cuando cumpla los cincuenta años, y sienta leves mareos, va a exclamar: «¿Ven? Ya tengo la presión alta. Aquí está el ataque que me estaba temiendo. ¡Estoy liquidado!». Y si llega a sentir algún dolor en el pecho, va a pensar enseguida en un infarto. Ese temor al infarto, sugestionándolo, va a crear esa misma condición en su cuerpo, por lo que se morirá de esa afección.

Muchas mujeres viven con el perpetuo temor del cáncer. Cualquiera de ellas puede decir: «Bien, mi tía murió de cáncer y mi madre también; así que, probablemente, yo también moriré de eso».

Cuando llegue a una edad similar a la que tenían su tía y su madre al morir, va a sentir cualquier tipo de malestar y va a exclamar: «¡Ah, esto es cáncer! Seguro que ya me enfermé». Cada día estará repitiéndose que tiene cáncer. Por eso es que los médicos dicen que la gente se muere por hábito. Si una persona vive bajo la presión de un temor específico, entonces el poder destructor comienza a fluir a través de todo su ser.

En 1969, cuando Dios me pidió que renunciara al pastorado en mi segunda iglesia, la congregación tenía 10.000 miembros bautizados y una asistencia promedio de 12.000. Yo vivía feliz, sintiéndome bien y satisfecho. Tenía una linda casa, una esposa maravillosa, hijos, un auto último modelo y hasta chofer. Entonces dije: «Señor, voy a quedarme en esta iglesia hasta que mis cabellos negros se hayan tornado blancos».

Un día, sin embargo, mientras oraba en mi oficina, vino el Espíritu Santo y me dijo: «Cho, tu plazo aquí ha terminado. Tienes que estar listo para mudarte».

«Oh, Señor —dije—, ¿mudarme? Ya empecé una iglesia y esta es la segunda que inicio. ¿Y tú deseas que vaya y vuelva a empezar? ¿Por qué tengo que ser yo el que siempre abre obras nuevas? No has elegido a la persona correcta. Dile a otro que vaya». Así comencé a discutir con el Señor.

Nadie, sin embargo, puede discutir con Dios, porque él siempre tiene la razón. Finalmente, me persuadió, diciendo: «Debes ir tú y edificar una iglesia con diez mil asientos. Una iglesia que sea capaz de enviar, por lo menos, quinientos misioneros».

«Padre —repliqué—, no puedo hacer eso. Tengo un pavor mortal a edificar una iglesia de ese tamaño».

Pero Dios dijo: «No, te he dicho que vayas y debes ir ya».

Consulté con un constructor acerca de costos. Me dijo en líneas generales que, por lo menos, necesitaba dos millones y medio de dólares, solo para el edificio. Para el terreno necesitaba otro medio millón, y para una parcela contigua y la edificación de unos apartamentos, otros dos millones. En total, necesitaría cinco millones y medio de dólares.

El contratista me preguntó cuánto dinero tenía. Le dije que 2.500 dólares. Me miró estupefacto, sacudió la cabeza y no dijo nada.

Entonces reuní a los ancianos de la iglesia y les hablé del plan. Un anciano preguntó:

—Pastor, ¿cuánto dinero puede recolectarse en Estados Unidos?

—Ni un centavo —dije.

Otro anciano preguntó:

—¿Cuánto dinero puede usted pedir prestado al Banco de América?

—Ni un centavo —volví a contestar.

—Usted es un buen hombre —dijeron—, un ministro genuino, pero no es un hombre de negocios. Usted no puede edificar una iglesia y un complejo de apartamentos como esos.

Entonces reuní a los seiscientos diáconos. Cuando les hablé del plan comenzaron inmediatamente a comportarse como conejos asustados, como si yo hubiera hablado de imponerles un tributo de por vida.

Me sentí desalentado. Estaba lleno de miedo y acudí al Señor. Le dije: «Señor, has oído cada una de las palabras que han dicho los ancianos y los diáconos. Todos ellos están de acuerdo en afirmar lo mismo. Por lo tanto, Señor, sería mejor no hablar más del asunto».

Entonces el Espíritu Santo volvió a hablar fuertemente a mi corazón:

«Hijo, ¿cuándo te mandé yo a que hablaras con los ancianos y los diáconos?».

«¿No se supone que lo tengo que hacer?», inquirí.

El Espíritu respondió: «Te di la orden de edificar la iglesia, no de discutir acerca de esa orden. Eso es lo que yo te mando».

Me puse de pie y dije: «Si esa es tu orden, Señor, la cumpliré».

Fui al palacio municipal y compré a crédito dos hectáreas de terreno en la zona más cara, situada frente al mismo edificio del Congreso, uno de los lugares más codiciados de toda Corea. Luego fui al contratista y firmé un contrato con él para edificar la iglesia y el complejo de apartamentos, también a crédito. Pensé: «Ellos edificarán la iglesia. Yo confiaré en Dios y veremos».

El día que comenzaron las obras hicimos un culto especial y finalizado el servicio fui a ver cómo andaba la cosa. Pensaba que los obreros abrirían unas cuantas zanjas y que allí comenzarían a echar el cemento para los cimientos, y que en poco tiempo estaría el edificio terminado. Pero había docenas de bulldozers, trabajando y cavando tierra como para hacer un lago.

Me atacaron los nervios y le pregunté a Dios: «Padre, ¿has visto lo que estos hombres están cavando? ¿Y tengo que pagar por todo eso? ¡Yo no puedo!». Quedé paralizado por el miedo. Comenzaron a temblarme las rodillas. Ya me veía llevado a la cárcel en un furgón policial. Caí de rodillas y oré: «¡Oh, Dios! ¿Qué puedo hacer? ¿Dónde me puedo meter? ¿Dónde estás tú? Yo sé que tú eres mi única fuente de recursos, por eso pongo toda mi confianza en ti».

Mientras oraba pude ver en visión a Dios trabajando, y ya no tuve temor. Pero cuando abrí los ojos, y vi de nuevo las obras, volví a sentirme atemorizado. Así fue que, todo el tiempo que duró la construcción viví más con los ojos cerrados que abiertos.

Este mismo principio espiritual es válido para cada situación. Si miras tus circunstancias con tus ojos físicos, y vives por tus sentidos, Satanás te destruirá con el miedo y el terror. Pero si cierras los ojos y miras a Dios, entonces puedes creer.

Hay dos clases de conocimiento: el sensorial y el revelacional. Debemos vivir por el conocimiento que nos trae la revelación, el cual hallamos desde Génesis hasta Apocalipsis. No por nuestro conocimiento sensorial, el de los sentidos.

Debemos enseñar a los cristianos a perder el miedo que le tienen a las circunstancias y al medio ambiente. Si no lo hacen, nunca podrán desarrollar su fe. Dios no puede manifestarse a través de ellos. Pídeles que sometan sus temores a Dios, y enséñales a poner su fe solamente en el Señor y en su Palabra.

EL PECADO DE LA INFERIORIDAD

Muchas personas viven víctimas de complejos de inferioridad, y por eso se estancan y se frustran. El complejo de inferioridad es el tercer pecado que trataremos.

Si las personas sienten que son inferiores porque viven en un barrio muy miserable, no podrás sacarlos de allí. Quizás fracasaron en sus negocios y se han resignado a vivir siempre en bancarrota. Mientras mantengan esa actitud, no podrás ayudarlos. Debes pedirles que entreguen ese complejo de inferioridad al Señor y que se reconstruyan a sí mismos por el poder de Dios.

Cierto día, un chico de la escuela primaria mató a su hermanito menor con un cuchillo. La noticia causó revuelo inmediatamente. Los padres amaban al chico muerto con demasiado fervor. Lo alababan constantemente en presencia de su hermano mayor. Este comenzó a sentirse menospreciado, inferior al otro. Entonces, en una oportunidad en que los padres salieron de casa, al regresar los chicos de la escuela, el mayor mató al menor. El complejo de inferioridad es verdaderamente destructivo.

Una vez sufrí de ese complejo. Después de luchar durante dos años en mi primera obra, la iglesia comenzó a crecer. Era una congregación muy ruidosa, una verdadera iglesia pentecostal. Mucha gente recibía el bautismo en el Espíritu Santo y muchos sanaban de sus enfermedades. Un día, me llamó el ejecutivo principal de nuestra denominación. En ese tiempo la organización se movía entre los pentecostales más ardientes y los presbiterianos más flemáticos.

Los oficiales de la directiva me preguntaron:

—¿Está usted realmente orando por los enfermos y estimulando a la gente a hablar en lenguas en los servicios?

—Sí —repliqué.

—Usted es un fanático —me respondieron.

—Yo no soy fanático. Estoy haciendo las cosas conforme a la enseñanza bíblica —me defendí.

Después de discutir un tiempo sobre el asunto, me quitaron la licencia ministerial y me despidieron. Me echaron de mi propia denominación. Después vino el misionero John Hurston y me hizo volver.

Cuando me echaron una diversidad de complejos de inferioridad me invadieron. Eso me produjo un sentimiento de autodestrucción. Por bastante tiempo estuve librando una dura lucha con ese problema.

Cuando los miembros del comité ejecutivo me despidieron, no tuvieron en cuenta que yo había sido superintendente general de la denominación, un cargo que mantuve hasta hacía poco tiempo. Cuando me eligieron por primera vez, nuestra denominación tenía apenas 2.000 miembros. Al aplicar las leyes de la fe, y enseñarla a los pastores, experimentamos un rápido crecimiento. Cuando debí presentar la renuncia al cargo, el censo revelaba que teníamos más de 300 iglesias organizadas y una membresía superior a 200.000 feligreses.

Entiendo que debemos tratar con aquellos que se sienten incapaces de vencer en la vida. Debemos sacarlos de su depresión y su pesimismo, edificarlos en el amor de Cristo, e impartirles fe, diciéndoles que todo es posible para los que tienen a Cristo. Debemos curarlos de sus complejos, edificarlos en la Palabra de Dios, de modo que —poco a poco— salgan de su estado de postración.

Un domingo por la mañana estaba predicando en el segundo servicio, cuando vi entrar a un hombre, un enfermo mental. Lo traían con las manos y los pies atados. Ese domingo estábamos haciendo rogativas para que se terminara felizmente la quinta etapa de la construcción. Mucha gente estaba escribiendo sus tarjetas de promesas. Cuando a ese hombre le dieron una de esas tarjetas, la llenó con sus manos atadas, y escribió cien dólares como promesa.

Su esposa se rio cuando vino uno de los diáconos a recoger la tarjeta. «No le haga caso —dijo— está mal de la cabeza».

Sin embargo, después del servicio, cuando lo fui a ver, estaba completamente sano por el poder del Espíritu Santo. Estaba en su sano juicio de nuevo, plenamente consciente de lo que hacía y decía. Había estado sufriendo de un profundo complejo de inferioridad.

—Yo tenía una fábrica de fertilizantes —comenzó a contarme— pero me fui a la quiebra y quedé sumido en grandes deudas. Me afligí tanto que la mente se me extravió. Me internaron en un hospital psiquiátrico y me dieron una serie de *electrochoques*. Pero no me curaron nunca.

»No obstante, mientras estaba sentado aquí, oyendo sus palabras, súbitamente salí de mi estado mental y fui consciente de la realidad. He perdido mis amigos, mi prestigio y mi crédito. Tengo una montaña de deudas. No puedo hacer nada. No tengo nada.

—Usted tiene algo —le dije—, y ese algo es que no es inferior a nadie. Usted vino hoy a Cristo y ahora, el poder de Cristo, y todos sus inagotables recursos, residen en usted. Es más, usted va a ser usado por Dios. Usted no es inferior, porque es hijo de Dios. Levántese victoriosamente. Usted tiene todo el poder y los recursos de Dios habitando en usted, esperando que solo sean liberados.

—¿Qué clase de trabajo podré hacer? —me preguntó.

—No lo sé —repliqué—, pero manténgase leyendo la Biblia y orando.

Un día volvió lleno de entusiasmo y me dijo:

—Pastor, he leído un versículo de la Biblia que dice que somos la sal de la tierra. ¿Qué le parece si entro en el negocio de vender sal al detal?

—Si usted cree en eso, ¡adelante! Vaya y venda sal al detal.

El hombre se fue y comenzó a vender sal a pequeña escala. Pagó sus diezmos. Pagó la promesa que había hecho. Y se regocijaba mucho en el Señor. Dios empezó a bendecirlo y su negocio de sal prosperó mucho. Con el tiempo edificó un gran almacén a la orilla del río, donde colocó un capital de 50.000 dólares en sal.

Sin embargo, una húmeda noche veraniega llovió torrencialmente. El río se desbordó y, a la mañana siguiente, toda la zona estaba inundada. La bodega del hombre también se inundó, por lo que sentí preocupación. Por la tarde, cuando dejó de llover, corrí a su almacén.

Otros artículos y mercaderías pueden recuperarse después de una inundación, pero la sal es muy amiga del agua. Cuando entré a la bodega no quedaba ahí ni un grano de sal. Ese hermano, que ahora es anciano de la iglesia, estaba sentado en medio de su negocio, cantando y alabando a Dios. Me dirigí hacia él pensando que se había vuelto loco de nuevo. Cuando estuve cerca le dije:

—¿Se encuentra bien, hermano, o se ha vuelto loco otra vez?

—Pastor, estoy perfectamente bien —dijo sonriente—. No estoy loco, no se preocupe. He perdido todo. Dios se lo llevó, pero como usted siempre dice, yo tengo todos los recursos aquí. El agua puede llevarse mi sal, pero no puede llevarse todos los recursos de la presencia de Dios en mí. Por la oración, y la fe, puedo hacer brotar esos recursos una vez tras otra. Usted espere, deme no más un poco de tiempo, y voy a levantar mis negocios otra vez.

Ya no sufría de ningún complejo. Vivía lleno de confianza. Hoy en día es un hombre multimillonario y sigue vendiendo sal. También ha comenzado a fabricar relojes y tiene su propia compañía. Me ha acompañado en viajes a Los Ángeles, Vancouver y Nueva York. Recientemente viajó por toda Europa.

Ese hombre es un ejemplo perfecto de cómo es posible librar a la gente de sus complejos de inferioridad, haciéndoles entender que ellos tienen a su disposición todos los recursos de Dios, y que pueden aprovecharlos y ponerlos a trabajar para ellos por medio de la fe.

EL PECADO DE LA CULPA

Mucha gente sufre de complejos de culpa. Este es el cuarto problema que debe vencerse antes de que los cristianos puedan trabajar activamente con Dios y para Dios. Porque mientras estés sufriendo algún complejo de culpa, Dios no puede fluir libremente a través de tu vida. Por eso es necesario ayudar a la gente a librarse de esos complejos y sentimientos deprimentes. Necesitamos hacerles entender que si están bajo la carga de una conciencia culpable, o bajo la depresión que produce el haber cometido un pecado, deben acudir al Señor Jesús y pedirle que los limpie y libre completamente.

Un día me hallaba en mi oficina cuando llegó a verme una pareja joven muy distinguida. El hombre era un caballero fino y elegante, y la señora, era realmente hermosa. Pero ella, aunque no tenía más de 30 años, se veía vieja, demacrada, debilitada. Estaba tan débil que apenas podía levantar los párpados.

El esposo me dijo:

—Pastor, mi esposa se está muriendo. Hemos probado de todo, psicología, psiquiatría y toda clase de medicina interna y externa imaginable. Soy un hombre rico. He gastado miles de dólares en ella, pero los médicos no pueden hacer nada. Ya no nos dan ninguna esperanza. Hemos oído que usted ayuda a mucha gente con problemas y que han sanado; por eso hemos venido a verlo.

Le dije que sí, que con la ayuda de Dios muchos habían sanado. Observé a la señora, pidiéndole a Dios sabiduría y discernimiento para esa ocasión especial. Silenciosamente, oré:

—Señor, ella ha venido aquí. ¿Qué puedo hacer por ella?

Al instante, la voz tierna y apacible de Dios habló: «Ella sufre de una enfermedad psicosomática. No es una enfermedad orgánica; sino mental».

Le pedí al esposo que saliera de la habitación y nos dejara solos. Entonces, dirigiéndome a la dama, le dije:

—Señora, ¿desea usted vivir? Usted necesita vivir, por lo menos para su marido. Si usted tuviera que morir, ya lo hubiera hecho hace tiempo, pero tiene tres niños. Si usted se muere ahora, dejando a su esposo y sus tres hijitos, arruinaría por completo la vida de ellos. Sea que nade o se hunda, usted tiene que vivir por su esposo y sus hijos.

—Me gustaría vivir —dijo la mujer.

—Yo puedo ayudarla —le dije—, pero con una condición. Usted debe contarme todo su pasado.

Ella se puso de pie con ira en los ojos y me gritó:

—¿Estoy en una estación de policía? ¿Quién se cree que es usted? ¿Es usted un dictador acaso? ¿Por qué me pregunta eso? No estoy aquí para que me interrogue y no voy a contarle nada de mi pasado.

—Entonces señora, no puedo ayudarla —le dije serenamente—. Si usted no me cuenta nada, entonces voy a pedirle a Dios que me revele qué cosas oculta usted de su pasado.

Ella se turbó y, sacando un pañuelo de su bolso, comenzó a llorar. Después de un largo sollozo me dijo:

—Señor, le voy a contar mi pasado, pero no creo que ese sea el problema.

—Sí, si lo es —le dije—, esa es la causa de su conflicto.

—Mis padres murieron cuando yo era una jovencita y, prácticamente, crecí en casa de mi hermana mayor. Ella fue como una madre para mí y mi cuñado igual que un padre. Cuidaron de mí maravillosamente y viví con ellos todo el tiempo que asistí a la escuela secundaria y cuando fui a la universidad.

»Cuando estaba en el tercer año de universidad, mi hermana fue al hospital para dar a luz a su último hijo. Durante ese tiempo me encargué de la casa y de los chicos. Casi sin darnos cuenta de lo que estaba sucediendo, mi cuñado y yo nos enamoramos.

»No sé qué fue lo que me sucedió, pero caímos en una relación inmoral. Entonces el complejo de culpa invadió fuertemente mi corazón. A partir de ese momento me sentí morir por la carga de la culpa. Mi cuñado me llamaba por teléfono desde su oficina y nos veíamos continuamente en hoteles, moteles y hosterías.

»Fui al hospital varias veces, para practicarme abortos, y ni aun así tenía fuerzas para resistir las demandas de mi cuñado. Vivía con el terror mortal de que mi hermana se enterara. Mi cuñado me intimidaba con eso y yo iba destruyéndome poco a poco.

»Cuando me gradué de la universidad decidí casarme con el primer hombre que me hablara de amor y me propusiera casamiento. Encontré trabajo enseguida y el joven que ahora es mi esposo, me pidió que me casara con él. No me preguntó nada de mi pasado. Yo lo acepté, para poder escapar de mi cuñado. Nos casamos y, al poco tiempo, comenzó a prosperar. Dejó el empleo que tenía e inició su propio negocio. Ahora es un hombre rico. Tenemos una hermosa casa, dinero, de todo.

»Sin embargo, desde el día que caí con mi cuñado, he estado sufriendo de este tremendo sentimiento de culpa. Cuando mi esposo y yo tenemos relaciones sexuales, me siento como una prostituta, porque me siento sin derecho a recibir ese amor. Lloro amargamente dentro de mí. Mis hijos son como ángeles, se me acercan, me abrazan y me dicen «mamá». Oigo eso y me odio a mí misma. Sé que soy una prostituta. No soy digna de recibir esa clase de amor de mis hijos. No deseo ni ver mi cara en el espejo. Es por eso que no me maquillo ni me arreglo como debería. He perdido el gusto por todo; no soy nada feliz y nada alegra mi corazón.

—Debo decirle que tiene que perdonarse a sí misma —la exhorté—. Sin embargo, tengo buenas noticias. Jesucristo vino y murió por usted y por sus pecados en la cruz.

—Ni Jesús puede perdonar mis pecados —dijo sollozando—. Mis pecados son muy grandes y terribles para ser perdonados. He hecho de todo. Cualquiera puede ser perdonado, pero no yo. Traicioné a mi hermana y no puedo confesarle lo que he hecho contra ella. Eso sería destrozar completamente su vida.

Silenciosamente acudí al Señor y le dije: «¡Oh, Señor! ¿Cómo puedo ayudarla? Tienes que decírmelo».

Entonces oí una suave voz dentro de mí y, súbitamente, surgió una idea.

—Hermana, cierre sus ojos —le dije y yo también los cerré para instarla a hacerlo.

—Vayamos juntos ahora hasta un bello y tranquilo lago. Usted y yo estamos sentados en la orilla, donde hay muchas piedras. Yo tengo en mi mano una piedrita. Por favor, agarre una piedra muy grande. Ahora, arrojemos las dos al lago: la mía pequeñita y la suya, muy grande.

»Primero lanzo la mía. Arrojo mi piedra al lago. ¿Oye usted el sonido que hizo? Un leve murmullo y unas pequeñas ondas. ¿Dónde está mi piedrita ahora?

—Se fue al fondo del lago —dijo ella.

—Correcto —respondí—. Ahora le toca a usted. Arroje su piedra. Sí, láncela usted misma. Bien. Ahora que ha lanzado su piedra al lago, ¿hizo ella un pequeño ruido?

—No. Hizo un gran ruido y una gran onda.

—Pero, ¿dónde está su roca ahora? —le pregunté.

—Se fue al fondo del lago —replicó ella.

—Bien, parece entonces que tanto mi pequeña piedra como su gran roca se han ido al fondo del lago cuando las lanzamos. La única diferencia fue el sonido y la onda. La mía hizo simplemente ¡plop! y la suya hizo ¡bum! La mía produjo una pequeña onda y, la suya una muy grande. La gente se va al infierno por pecados muy pequeños y muy grandes, porque todos viven sin Cristo. ¿Cuál es la diferencia? El sonido y su influencia en la sociedad. Todos necesitamos ser perdonados por Jesucristo. La sangre de Jesucristo limpia de todo pecado: grandes y pequeños.

Mis palabras llegaron a su alma y despertó a la verdad.

—¿Eso significa que mis pecados pueden ser perdonados por Dios?

—Por supuesto que sí —repliqué.

Ella se hundió en la silla, sollozando y estremeciéndose. Traté de consolarla y animarla, pero siguió llorando. Puse mi mano sobre la de ella y la dirigí en una oración de arrepentimiento.

Poco después, cuando levantó su cabeza, pude ver en sus ojos el brillo de las estrellas y la gloria de Cristo empezando a resplandecer en su rostro. Se puso de pie y exclamó:

—¡Pastor, estoy salvada! ¡Todas mis cargas han sido quitadas!

Yo empecé a cantar y ella a danzar. Jamás había danzado de alegría delante del Señor, pero esta vez saltó y danzó, batiendo sus palmas. Su esposo oyó el ruido y entró corriendo. Cuando ella lo vio corrió hacia él y se echó a su cuello. Nunca lo había abrazado de esa manera, por lo que el esposo no salía de su asombro.

—¿Qué es lo que usted ha hecho con ella? —me preguntó.

—Dios ha hecho un milagro —contesté alegremente.

Al fin se vio libre de todo sentimiento de culpa. El poder del Señor descendió sobre ella y sanó radicalmente.

Ese matrimonio sigue asistiendo fielmente a la iglesia. Cuando miro el rostro de esa dama, no dejo de recordar el amor de Jesús. Ahora no tiene ningún padecimiento, está sana por completo. Cuando se liberó del pecado de la culpa que la perturbaba, el poder de Dios fluyó libremente a través de ella.

Hermanos y hermanas en Cristo, en este momento tienen el poder de Dios morando en su interior. Por eso pueden recurrir a ese poder para que supla sus gastos, sus vestidos, sus libros, su salud, sus negocios, ¡absolutamente todo!

Cuando salgan a predicar el evangelio, no prediquen un objetivo vacilante, una teoría, una filosofía ni una religión humana. Enseñen a la gente cómo aprovechar el manantial inagotable de los recursos infinitos que Dios ofrece.

Lo que hacen con ello, es darle a Jesús a la gente y, por medio de él, Dios viene a habitar en sus corazones.

DAVID YONGGI CHO

Oración: LA CLAVE DEL AVIVAMIENTO

Escuche los secretos que Dios desea compartir con usted y sumérjase en su profundo amor.

David Yonggi Cho

WAYDE GOODALL

MÁS DE 50 MILLONES DE COPIAS VENDIDAS EN TODO EL MUNDO

La **CUARTA DIMENSIÓN**

DESCUBRE UN NUEVO MUNDO DE ORACIÓN CONTESTADA

DAVID YONGGI CHO

AUTOR DEL ÉXITO DE VENTAS: *ORACIÓN, LA CLAVE DEL AVIVAMIENTO*

Te invitamos a que visites nuestra página web, donde podrás apreciar la pasión por la publicación de libros y Biblias:

www.casacreacion.com

f @CASACREACION

🐦 @CASACREACION

📷 @CASACREACION

Para vivir la Palabra